그 달이 시를 쓴다

시작시인선 0549 그 달이 시를 쓴다

1판 1쇄 펴낸날 2025년 10월 24일

지은이 이중도
펴낸이 이재무
기획위원 김춘식, 유성호, 이형권, 임지연, 차성환, 홍용희
편집 이호석, 박현승
편집디자인 김지웅, 장수경
펴낸곳 (주)천년의시작
등록번호 제301-2012-033호
등록일자 2006년 1월 10일
주소 (03132) 서울시 종로구 삼일대로32길 36 운현신화타워 502호
전화 02-723-8668
팩스 02-723-8630
블로그 blog.naver.com/poemsijak
이메일 poemsijak@hanmail.net

ⓒ이중도, 2025, printed in Seoul, Korea

ISBN 978-89-6021-827-7 04810
     978-89-6021-069-1 (세트)

값 11,000원

*이 책 내용의 전부 또는 일부를 재사용하려면 반드시 저작권자와 (주)천년의시작 양측의 동의를 받아야 합니다.
*잘못된 책은 바꾸어 드립니다.
*지은이와 협의하에 인지는 생략합니다.

그 달이 시를 쓴다

이중도

천년의 시작

시인의 말

그 시절, 고향은
코끼리 귀만 한 이파리들 무성한
두 아름 무화과나무였다.

나는 한 마리
유별난 장수하늘소였고

흙과 시詩는
일찍이 정해진 운명이었다…….

고향이 썼다.

차 례

시인의 말

제1부

술심부름 ─── 11
그날, 너는 ─── 16
복숭아나무 ─── 18
밤에 목욕하는 처녀들 ─── 21
도토마리 ─── 25
그 달이 시를 쓴다 ─── 28
그리고 우리는 돌아올 수 없었다 ─── 31
부표 ─── 34
갈대밭 ─── 36
물개바위 ─── 38
구중물 들다 ─── 41
원문이용원 ─── 43
원문상회 ─── 46
롯데 삼강사와 ─── 48
야반도주만이 유일한 답이었다 ─── 52
무학소주 열두 병에 잔은 한 개 ─── 54

제2부

숲이 있었다 —— 59
그 집 —— 62
동네 —— 65
소년 —— 68
밤이었다 —— 70
떡을 딴다 —— 72
공부방 —— 75
바다 어느 날 —— 76
기러기가 먹고 싶다 —— 78
아우 먼저! —— 80
늙은 암소를 타고 간다 —— 81
소 한 마리 있어야겠다 —— 84
오래 잊어버렸던 이름 한 마리 —— 86
달이 훤했지! —— 88
똥개 —— 90
다 죽었다 —— 92
그해의 죽음들 —— 93
J에게 —— 94
무논 —— 95
걸음마 배우는 봄바람이 —— 97
초록 물감 방울 같은 —— 100
여름이었다 —— 103
이른 아침 하얀 고무신이 —— 104
눈 오시는 날 —— 106

제3부

새봄 ——— 111
고봉의 쌀밥 같은 신랑이 ——— 112
아재 다리가 ——— 113
아비 세 명이 낫을 들고 ——— 114
매일 밤 불침번을 ——— 115
젖을 먹이고 있다 ——— 116
닭을 잡고 있다 ——— 117
불알 두 쪽이 다 깨져 버린 아재가 ——— 118
돼지 꼬리만 한 지네가 ——— 119
목구멍을 넘어간다 ——— 120
바다로 던져 버린다 ——— 121
중송아지만 한 노루가 ——— 122
황새가 ——— 123
해바라기 ——— 124
할머니의 유언 ——— 125
아랫방 창문 ——— 126

해 설

차성환 영원한 고향의 꿈 ——— 127

제1부

술심부름

외할아버지 오셨다!
또 술심부름이다
백 원짜리 동전 세 개 호주머니에 넣고
먼눈팔지 말라는 어머니의 신신당부 한쪽 귀로 흘리고
늙은 호박처럼 생긴 누런 주전자 들고 탁주 받으러 간다
전주 이씨 마을 어귀 벗어나 비탈길을 백 보 올라가면
신작로
하루 일곱 대의 버스가 흙먼지 일으키며 다니는 정류장 옆에는
소나무 듬성듬성한 애기숲
나무 관 대신 새끼 돼지만 한 장독에 아기 시체를 넣어
돌무더기로 덮어 둔 무덤들이 여기저기 흩어져 있다
이 숲에 서 있는 나무에 톱이나 도끼를 대면
나무가 떨면서 아기 울음소리를 낸다고 한다
밤에는 아기들의 영혼이 반딧불이 되어 돌아다닌다고 한다
엄마가 사는 집까지 날아가서 놀다가
동이 트기 전에 다시 독 속으로 들어가 잠을 잔다고 한다
낮에 숲가를 지나가면 아기들의 고른 숨소리가 들린다고 한다

꿈결에 젖 투정을 하면 개구리 우는 소리가 새어 나온다고 한다
악몽을 꾸면 독에서 지네가 기어 나온다고 한다
대낮인데도 자꾸 뒤를 돌아보며 잠자는 아기들 곁을 겨우 지나가면
붉은 산길이 아가리를 벌리고 있다
어른들이 말구리 고개 넘어 장 보러 가는 길이다
형들이 중학교 가는 길이다
이른 새벽 할머니가 혼자 장에 가면
하얀 여우 한 마리가 딱 삼십 보 거리를 두고
할머니 걸음과 같은 속도로 따라온다고 한다
눈이 마주치면 피가 굳어 온몸이 돌이 되기 때문에 절대로 돌아보면 안 된다고 한다
사철나무 덤불 깊숙이 숨어서 노려보고 있을 여우의 눈을 피해
앞바다에 눈길을 꽂고 오 분 걸으면
용호농장
올라가는 길 양쪽에는 삼월마다 할머니 또래 매화나무 육십 그루가
한꺼번에 꽃을 밀어 올린다

머슴 팔뚝 두께 대나무 수천 그루가 만든 숲은
바람에 흔들릴 때마다 귀신을 한 마리씩 낳는다
이끼 무성한 연못에는 호박잎만 한 금붕어가 살고 있고
육 학년 키보다 큰 거위가 나무로 짠 집에 서서 농장을 지킨다
늦은 가을에 밤 따는 것 도와주러 갈 때마다
다리 긴 밥상 위에 차려 주는 돈까스가 생각나
입맛 다시며 농장을 지나가면
드디어 할매집!
잘 들리지 않는 귀와 흐린 눈 때문에 종종 아이들을 좀도둑으로 변신시키는
꼬부랑 할머니가 가게를 지키고 있다
괴도 루팡이 되고 싶은 욕망을 간신히 누르고 탁주를 받아 나온다
빛바랜 아스팔트 길 건너에서
술 취한 문둥이들이 검붉은 노래를 부르고 있다
돌아오는 길은 신작로가 아니다
오백 년 세월이 만들었다는 다랑논이다
가끔씩 토하는 주전자를 양손에 번갈아들며 내려간다
논물 위로 물뱀이 흘러 다니고

풀밭에 앉아 잠시 쉴 때마다
목구멍 너머 어둠 속에서 미꾸라지 떼처럼 꿈틀거리는 호기심이
주전자 뚜껑에 탁주를 부어 홀짝홀짝 마시기 시작한다
갑자기 논둑으로 튀어나온 붕어가 입을 뻐금거리며 한 잔 달라고 한다
메뚜기들이 주전자 속으로 뛰어 들어가 헤엄을 친다
술내를 맡고 미친 숫염소가 말뚝을 뽑고 달려온다
거대한 푸른 계단을 거의 다 내려올 때쯤
부쩍 가벼워진 주전자의 몸무게가 불안감을 줄 때쯤
새미가 나타난다
사계절 내내 얼음 같은 물이 솟아오르는 곳
아래쪽에서는 어머니들이 빨래를 하고
한여름 달밤에는 달 같은 누나들이 모여 목욕을 하는 곳
고추에 털 났다고 자랑하던 놈들 몇이 알몸을 훔쳐보기 위해
수풀에 숨어 잠복근무를 하다가 들켜 개망신을 당한 곳
시원한 물을 박 바가지로 퍼 마시고 주전자의 축난 부분도 채우고
논배미들 사이로 난 돌길을 따라간다

잠수함으로 사용하는 고래만 한 바위를 힐끗 쳐다본다
마을 회관이 나온다 친척 할아버지 두 분에게 인사를 한다
우리 집이 보인다
탱자나무 울타리 지나 두 아름 무화과나무 지나 외할아버지가 앉아 계신 툇마루
뽈래기 넣어 담은 무김치와 찌짐이 놓인 작은 상이 기다리고 있다
놋쇠 밥그릇에 부어 단숨에 잔을 비우신다
그리고 껄껄 웃으시며
술이 와 이리 싱겁노?
완전 범죄는 없는 것이다
물 탄 술을 드시면서도 외할아버지는 심부름 값을 깎지 않으신다
빳빳한 오백 원짜리 종이돈 한 장!

그날, 너는

지금, 아프리카코끼리 앞다리 두께로 자란 편백들의 가지런한 질서 속에서
적막이 무료한 손가락으로
오래전 소풍이 버리고 간 캔들에 구멍을 내고 있는 이곳에서

그날, 너는 소들을 풀어놓고
주워 온 정구공으로 동무들과 주먹야구를 했다
봄마다 환타 사이다 김밥을 들고 시내에서 소풍 온
하얀 아이들이 보물찾기를 하던 광산 김씨 공동묘지, 이곳에서
그날, 너는 나시찬 강민호 주연의 전우를 흉내 내며 총싸움을 했다
밤만 되면 산도깨비들이 반딧불 떼로 굴렁쇠를 만들어
은하수를 향해 달리던 이곳에서
그날, 너는 산 너머 말구리 마을에서 올라온 패들과
목숨을 걸고 육박전을 벌였다
도망가는 적들의 등에 조릿대를 깎아 만든 화살을 날렸다
보름밤마다 박 바가지만 한 젖통이 세 개 달린 어미 도깨비들이

상돌을 주방 삼아 소똥으로 빵을 반죽하던 이곳에서
그날, 너는 고추에 털 난 사냥개가 바위틈에서 찾아낸 선데이서울 표지를
반질반질한 묏등에서 둘러앉아 보며 킬킬거리다가
사냥개의 불알을 후려쳐 고자로 만들었다
가랑비 내리는 저녁마다 외눈박이 떠돌이가 피리를 불던 이곳에서
그날, 너는 서쪽 하늘에서 양푼으로 퍼 온 숯불에
살 오른 가을 독사를 구워 먹었다

지금, 땅에 묻혀 있던 그 천진했던 날들이
호랑가시나무 가지에서 갓 쏧은 백미처럼 무수히 돋아나는
향내 짙은 이곳에서

그날, 너는 졸참나무 가지 여섯 개를 칡넝쿨로 묶어 짠
바보 같은 토끼 덫으로
새끼 도깨비를 잡아……

복숭아나무

 당산나무처럼 무시무시한 귀신이 살고 있지도 않았다 갯바람 막는 소나무들처럼 매서운 혼이 깃들어 있지도 않았다 세 아름 허리로 다산多産을 뽐내던 순박하면서도 색정 어린 나무였다

 나무 아래 지붕이 파란 슬레이트 집에는 여름 내내 누런 오이처럼 늘어진 젖통을 내놓고 지내는 어미가 있었다 살에서 설탕 냄새가 나는 백도白桃 같은 딸 일곱이 있었다

 온 동네가 눈사태에 파묻히는 꿈을 겨우 털고 일어난 그날 새벽, 그믐인데도 눈앞의 창호지가 환했다 방문을 열고 나오니 꽃잎이 마당에 어른 허리 높이까지 쌓여 있었다 소는 다리가 잘린 채 서 있었고 누렁이는 툇마루로 피신해 있었다 밤마다 헛간에 마실 오는 노루 세 마리도 발이 묶여 있었다

 나무가 백 년 동안 뿌릴 꽃비를 하룻밤에 모두 쏟아 버린 것이었다 놀란 어른들은 삽질로 길을 만들려 했지만 헛수고였고 우리는 학교를 빼먹고 종일 꽃 바다를 헤엄쳐 다녔다

꽃잎은 딱 열흘 동안 동네를 덮었다 논도 밭도 길도 모두 꽃잎에 묻혔다 마른 꽃잎을 거두어 피운 불로 밥을 짓고 전을 부치고 군불을 넣었다 굴뚝마다 만개한 복숭아나무가 한 그루씩 솟아올랐다가 흩어졌다 어른들은 낮밤 꽃잎이 둥둥 떠다니는 술을 마셨고 할 일 없는 총각들은 산불 감시초소에서 화투를 쳤다 우리들은 수달이 되어 몰려다녔다 꽃잎 아래 숨어서 한 사랑은 처녀 둘의 배 속에서 복숭아를 키웠고 두 다리가 없는 상이군인 장 씨는 꽃잎 한 움큼을 씹어 먹고 훌쩍 담을 넘어가 과수댁과 살림을 차렸다 두더지로 변신해 땅굴을 파고 지게로부터 도망친 너는 마산 뒷골목에서 구두를 닦았다

마을의 술독들이 완전히 비어 버린 열흘째 밤, 사람들이 깊이 잠든 사이에 누군가가 꽃잎을 깨끗이 쓸어 버렸다 꽃잎이 가는 것을 본 사람은 아무도 없었다 다음 날부터 일과 학교가 기지개를 켜기 시작했다

그해 봄 이후 다른 봄이 몇 번 나무를 두드려도 겨우 죽만 삼키는 노인의 미세한 숨소리 같은 이파리들만 내보낼 뿐 꽃을 피우지 않다가 네가 구두닦이 왕초의 마수를 벗어

나 예쁜 여자 순경 손을 잡고 집으로 온 날 나무는 스스로 뿌리를 뽑고 쓰러졌다

오래전부터 나무의 죽음을 예감해 온 사람들은 톱양이 나무로 된 톱으로 시신을 자르고 날이 나무로 된 도끼로 시신을 다듬어 뗏목에 차곡차곡 실었다 이 작업을 하는 동안 돼지 잡는 아재는 근처에 얼씬도 못 했다

장례 준비가 끝나자 남자 어른들이 모두 나와 뗏목을 밀었고 뗏목은 거대한 거북이처럼 천천히 기어 나가 바다 한가운데서 멈추었다 얼마 후 나뭇더미에서 불이 솟아올랐다 불은 분홍 꽃 만발한 나무가 되어 사흘간 바다에 서 있었다 사람들은 불이 다 잦아든 후에야 집으로 돌아갔다

밤에 목욕하는 처녀들

　도수 높은 밀주 한 동이가 몸속에서 출렁대던 시절이었다 밤마다 동무들과 흙방에 모여 목청 상한 라디오를 듣던 시절이었다

　달만 뜨면 바다에서 기어 올라와 사방을 돌아다니는 물개로부터 정보를 얻은 우리는 다랑논을 한 계단씩 내려와 새미가 보이는 곳에서 몸을 숨겼다

　닿을 수 없는 곳에 피어 있는
　입 꼭 다문 호박꽃들!

　괴불주머니 혓바닥이 콧구멍을 핥았고 놀란 물뱀이 팔꿈치를 스쳐 갔다 궁금증을 참지 못한 메뚜기 떼가 볼에 들러붙었다

　검디검은 밤 아홉 시
　커다란 달 풀벌레 소리
　엉덩이에 불을 켜고 날아다니는 정령들
　외딴 새미에는
　가지 끝까지 모세혈관이 뻗어 있는 수양버들

그리고
목욕하는 처녀들

숨을 참아 가면서 그림자처럼 접근했는데도 인기척이 났는지 재잘거리던 소리들이 갑자기 뚝 끊어졌다
어…… 저기……

어이없이 발각되어 버린 우리는 논둑을 따라 도망쳤다

터질 것 같은 술동이에 저마다의 달덩어리를 하나씩 담고 풀어진 다리로 달빛이 누런 소가죽을 펼쳐 놓은 신작로를 걸어 잠든 마을로 돌아오자마자 하루에 해삼을 백 마리 잡아먹는 포식자, 우리는 너의 골방에 들어가 골목에서 주워 모아 둔 담배꽁초 백 개비를 다 피워 버렸다

그런데 그날 밤, 오래전에 재래식 변소에서 건져 준 적이 있는 순이의 알몸을 면발치에서 본 것이 너의 운명이었다

이른 봄날 아침
발동선이 밀고 오는 파도 소리의 육덕!

그 밤 이후 너는 순이가 목욕하는 장독대 주변을 기웃거려야만 했다 얼마 못 가 도둑고양이의 번쩍거리는 눈알 두 개는 순이의 입에서 새된 비명 소리를 뽑아냈고 전축을 듣다 뛰어나온 오빠들에게 체포된 너는 몰매를 맞았다

그러나 새끼 염소 뿔이 되어
간질이고 싶은 살덩어리!

일천구백팔십육년 음력 팔월 십오일 밤 아홉 시
새미

공순이 순이와 고무장갑 낀 손으로 오토바이를 몰고 출근하던 너는 달의 주례로 혼례를 치렀다

갓 톱질한 육송의
속살에서 나는 향기!

얼마 후 순이의 배 속에서 간장 종지만 한 달 하나가 꿈틀거렸고 너희 둘은 새벽 구름을 타고 멀리 떠났다……

순이가 낳아 키운 달에게 용돈을 준다
텅 빈 술독에서 꺼낸 빳빳한 지폐로

원시原始의 달이
낳은 딸!

새미는 오래전에 사 차선 도로가 덮어 버렸고
이 땅의 중년이 우리를 삼켜 버렸다

도토마리

봄밤에 숭어가 한 번 튀어 오를 때마다 꽃이 한 송이씩 피어난다는
돌배나무를 지나면 나타나는 땅
도토마리!

그네가 매달린 포구나무 서너 그루가 검은 구름처럼 서 있었다 낚싯대를 만들어 주는 대나무 숲이 있었다 멧돼지 노루 토끼가 다니는 수많은 길들을 품은 상수리나무 숲이 있었다

소주병 억만 개를 깨 놓은 바다 가장자리는 거대한 해초밭
처녀 귀신 머리 백만 개를 잘라 던져 놓은 해초밭 아래
애호박만 한 돌들에 붙어 있던 우리들의 일용할 양식들!

도토마리 한복판에는 기세 좋은 밀물도 허리까지만 삼킬 수 있는 커다란 바위가 하나 있었다 우리는 그 바위를 은바위라 불렀다

은바위의 지배인은 계절에 따라 바뀌었는데 여름의 지배

인은 까막눈이면서도 기타를 가수처럼 다루는 우리들의 대장이었다

그는 늘 기타를 치면서 노래했고 명령했고 가르쳤다 그의 기타 소리가 들리면 부리를 땅에 박고 물구나무선 거위를 닮은 늙은 사철나무가 가지를 움직여 그늘을 만들어 주곤 했다 국어와 산수를 제외한 우리의 모든 지식과 기술은 그의 기타 구멍에서 나왔다

남과 여의 황홀한 비밀들 전주 이씨 씨족들의 거창한 족보들
물 위에 누워 자는 법 입에 단도 물고 한 팔로 헤엄치는 법
담배 연기로 도너츠 만드는 법 손 다치지 않고 병 깨는 법
돌도끼로 아카시아를 잘라 검 만드는 법 상대와 칼을 부딪치지 않는 검법
도망간 꿩을 다시 둥지로 유인해 잡는 법 엄지발가락으로 갯벌을 더듬어 피조개 캐는 법……

자질이 뛰어난 아이들을 골라 무술과 사냥을 특별 지도하

기도 했는데 맨손으로 독사 잡는 법을 전수받은 녀석의 책가방에서 흘러나온 뱀이 이웃 동네에 터 잡은 초등학교 교실을 대혼란에 빠트리기도 했다 내죽도까지 헤엄쳐 갔다 오는 시험을 통해 뽑혀 장풍을 비롯한 고급 무예를 지도받은 용사 일곱 명이 정월 대보름 밤 들판에서 벌어진 옆 마을 놈들과의 육박전에서 대패해 중상에서 회복될 때까지 한 달간 학교를 결석한 적도 있었다……

  도토마리!
  그의 기타 소리 곁에서 무한히 푸르렀던 우리들의 고대古
代를
  그대로 담고 있는 성소聖所!
  이름만 불러도 녹슨 철선 하나 거뜬히 공중으로 부양하는
  유쾌한 주정酒精!

그 달이 시를 쓴다

 그날 그 달의 살냄새에, 흙집에 고둥처럼 깃들여 사는 사람들이 모두 바닷가로 나왔다 이미 단풍이 든 늙은 살구나무가 꽃을 활짝 피웠다 벌레 울음소리가 소낙비처럼 번졌다 우리를 부수고 나온 돼지들이 떼를 지어 몰려다녔고 시집도 안 간 처녀들이 임신을 했다

 장대로 높이뛰기를 하면 손에 닿을 거리까지 내려온 달이 거대한 술잔 속 바다에 달빛을 흩뿌리자 해저에서 검은 준마들이 천천히 움직였고 연안 구석구석에서 발기된 배들이 밧줄을 풀고 슬슬 나왔다

 오직 팔의 힘으로 움직이는 순박한 목선들, 물고기와 조개를 싣고 다니는 중세 농노 같은 목선들이 머시마들을 가시내들을 태우고 달이 만들어 놓은 마당에 모여들었다

 모인 배들은 얼마 동안 배다른 수캉아지들을 한곳에 몰아 넣어 둔 것처럼 서먹서먹한 표정으로 코를 킁킁거리며 냄새를 맡다가 가시내들의 노랫소리에, 가시내들 입을 통해 부르는 달의 노랫소리에 서열 가리지 않은 수컷들로 돌변했다 시키지도 않은 힘자랑이 시작되었다 멀리 시커멓게 웅크리

고 있는 섬을 향해 경주가 시작되었다

  달리는 배 하나하나가 튼실한 양물陽物들!
  높아져 가는 노랫소리에 점점 더 싱싱해지는 양물들!

  시거리 두른 양물들이 씩씩거리며 거친 숨을 뿜을 때마다, 대가리로 파도를 부술 때마다 갯벌에 다리 박고 머리만 내놓은 하마들이 입을 크게 벌렸다 수면에 붙어 잠자던 고래들이 꼬리지느러미를 들어 올렸다

  잘피 숲에 둥지 튼 붙박이들의 꿈을 박살 내며 먼저 닿은 배는 모닥불을 피워 승리를 자축했고 나머지 배들은 풀이 죽어 달 아래로 돌아왔다 하마들은 다시 피가 굳어졌고 고래들은 잠 속으로 끌려 들어갔다

  그러나 달빛!
  넓게 쳐 놓은 그물에 걸린 억만 전어들이 물 위에 떠올라 파닥거리는 것처럼
  물결에 부서지는 달빛에 저절로 점화되는 노래들
  상수리나무 빽빽한 숲 기슭에 박혀 있는 하얀 이끼 두른

바위들을
  허공에 밀어 올려 춤추게 하는 우리의 노래들

  다시 죽순처럼 부풀어 오른 배들은 몸속의 노래를 한 방울도 남김없이 내보낼 때까지 달빛 마당을 돌고 또 돌았고 속을 깨끗이 비운 배들은 하나둘씩 둥둥 떠올라 달 속으로 사라졌다

  배들이 다 사라진 후에야 달은 마당을 걸어 가며 만삭의 몸을 이끌고 서서히 서쪽 하늘로 떠났다……

  떠나간 그 달이, 돌아올 수 없는 그 달이 시를 쓴다
  텅 빈 달 아래 앉아 텅 빈 마을 바라보며
  여자들의 꼿꼿한 **뼈**대들이 불알 까 버린 토끼들을 몰고 다니는 자전거도로를 걸어 다니며
  그날 그 달이!

그리고 우리는 돌아올 수 없었다

 네가 가졌던 것들 중 부러웠던 건, 원양 상선 타는 너의 막내 삼촌이 가지고 오던 시커먼 바나나가 아니었다 여덟 명의 삼촌과 일곱 명의 형님에게서 받은 명절 용돈으로 두툼했던 네 주머니도 아니었다 나무 개머리판에 가죽끈이 달려 있던 장총도 아니었다

 그건 나무배 한 척!

 동무들도 태워 주었고 대나무 낚싯대 들고 농어 새끼도 낚으러 다녔다 친척 집에 다니러 온 서울말 쓰는 여학생이 궁금해하면 손을 잡고 올려 주기도 했다 신성한 숲에서 만든 활을 들고 바다 건너편 놈들과 해전을 벌이기도 했다 뱃머리를 돌리고 도망가던 녀석들이 쏜 화살이 네 눈썹에 꽂히기도 했다

 생각이 진달래 꽃불처럼 번지던 시절, 제법 굳은살이 박인 네 손이 노를 저었고 배는 우리들의 사춘기를 안고 바닷가 마을들을 돌아다녔다

 검은빛 물결에 금빛 시거리 일으키며 방랑하던 밤바다!

외딴 어막魚幕에 모닥불 피우고 둘러앉아 별똥별을 부르던 섬!
텃세 부리는 녀석들에게 흠씬 두들겨 맞았던 방죽!

여름밤에는 무수한 달빛을 맞으며 배꼬리에 앉아 있었다 너는 어창魚艙에서 훔쳐 온 넙치를 능숙하게 썰었고 갑돌이들과 갑순이들은 나직하게 노래를 불렀다 노랫소리에 숭어 떼들이 몰려와 배를 감싸고 입을 뻐끔거렸다

아, 네 방도 있다!
겨울밤마다 먼 동네 사는 애인들을 싣고 바다를 건너와 도란도란 이야기하던 너의 방
향 짙은 소나무 장작불로 달군 조금만 앉아 있어도 복사뼈가 녹아 버리던 구들장
벽에 발린 신문지 해진 자리마다 드러나 있던 웅녀의 손등
고대의 인정人情 같은 그 방 속으로 흘러 들어오던 파도 소리
있는 기운 다해 곰방대를 빠는 할아버지처럼
허공에 떠도는 전파를 빨아들여 잡티 섞인 통기타 소리

를 들려주던 라디오

　서리해 온 온갖 것들을 씹어 먹으며 키득거렸다

　키득거리는 소리에 헛발 디딘 거미가 빛바랜 붉은 담요에 떨어지기도 했다

　지네가 호기심에 대가리를 내밀다가 네 손바닥에 작살 나기도 했다

　늙은 장독 같은 방에서 홍시처럼 익어 가던 시절……

　어느 날 전주 이씨 집안의 장손, 나는 종이 위에 집을 지으러 떠났고 발동선의 엔진 소리처럼 건강한 소년 수부, 너는 먼바다로 가는 철선을 타러 떠났다, 세상모르고 자고 있는 나무배 뒤에 두고

　그리고 우리는 돌아올 수 없었다

부표

　시커먼 해초들이 들러붙어 뿌리가 되어도 홍합 따위들이 눌러앉아도 불평 한마디 없다 왜가리 똥 싸고 간다

　굴레를 씌우고 고삐를 잡으면 물 위를 걸어 다니는 흰 새끼 나귀 한 마리
　내 소년 시절을 부양(浮揚)하며 연안을 떠돌던 머슴

　내가 외딴섬에 사는 까마귀 부리를 뽑아 연애편지를 쓸 때 너는 뗏목을 지고 다녔다 훤한 달밤마다 노총각들이 벌이던 막걸리 판이 달아오르면 뗏목 갈라진 틈으로 떨어지는 술 방울을 마른 혓바닥으로 받아먹었다 치마 걷어 올린 허연 달 항아리가 누는 오줌 세례라도 맞으면 뜨끈뜨끈해진 불알 때문에 며칠 밤을 뜬눈으로 새우기도 했다

　내가 새벽마다 인력 시장에 나가 몸을 팔던 시절
　비바람이 파낸, 담뱃불로 지진 것 같은 상처투성이, 너는 벗어날 수 없는 종신 노역형에 처해진 일생이었다
　그러나 까도 까도 순백의 마음뿐인 천사였다

　붓다 아라한 운운하며 팔리 오부를 읽고

묶은 줄 모두 풀어 버린 너는 말 그대로 운수행각

깨끗하고 부드러운 아침 물살에 애무당하며 닳아 가는 바위가 부러운 중년의 산책길에서 만나는 너는 언제나 고요한 선정禪定, 세상 바닥에 박혀 있으면서도 늘 세상 밖에 있다

너는 성聖도 아니고 속俗도 아니다
무게도 없고 날개도 없다
날아가지도 않고 가라앉지도 않는다

너는?

갈대밭

늙은 벚나무들 가지에 무수히 맺힌 검은 핏방울들
노새 발굽만 한 수국꽃들
어미 오리 따라다니는 까만 밤송이들의 물갈퀴가 만드는 파문들
바람에 억만 개 단검들 부딪치고 갈리는 소리 사이로
흰나비들 위태롭게 날아다닌다
부러진 칼은 수면에 닿자마자 실뱀이 되어 사라진다
차오르는 물, 굴레도 멍에도 한 적이 없는 물이 만든
거대한 초록 아나콘다 배 속에는
꿈틀거리는 들소들
가르마 위를 걸어가는 핏기 없는 중년을 받아 버릴 듯
눈 부라리는 들소들

게으른 파도처럼 어슬렁거리는 들소 무리 따라 그 밤들이 몰려온다

막 피어오른 보리 이파리 끝에 눈물을 찍어 쓴 편지를 바다 건너 선창에서 물개의 입에 물려 보내면 이곳에서 기다리고 있던 네가 물개 편으로 답장을 보냈다 나무배를 타고 와 저기 쌓여 있던 그물에 누워 함께 별을 땄다 따 놓은 별

을 물고 집게발이 붉은 게가 바다로 사라지면 에메랄드 반짝이는 목걸이를 걸고 인어가 나타나기도 했다 방죽에 걸터앉아 은하수 바라보며 노래 부르면 세상의 모든 반딧불들이 우리에게 모여들었고 시거리 두른 바위들이 춤을 추었다

  아, 너와 함께 눈 감고
  집게손가락으로 점자를 읽듯 생을 읽었던 그 밤들!

  출렁거린다, 투구 쓴 고둥 떼 지어 다니는
  건강한 물결 충만한 농업용 수로 같았던 시절
  만조의 밤바다에 흩뿌려진 달빛을 쓸어 모아
  너에게로 가는 길을 만들었던 그 시절!

물개바위

내가 첫울음을 울었을 때 일어난 일이라고 합니다

은빛 갑옷 찬란한 전어 군단에 눈멀어 변방까지 쫓아온 물개 한 마리가 만灣에 쳐 놓은 그물에 걸렸습니다

새벽 바다에 나갔던 그물의 주인 정 씨는 어마어마한 횡재에 입이 떡 벌어졌습니다 그 자리에서 물개의 물건을 잘라 산삼을 씹어 먹듯 통째로 씹어 삼켜 버렸습니다

사흘 후, 잠을 자던 정 씨는 배 속에서 검은 구름이 차오르는 꿈을 꾸다가 숨이 막혀 벌떡 일어났습니다 몸속에 가득 찬 구름은 정 씨의 입을 강제로 벌리고 물개 울음소리가 되어 터져 나왔습니다

밤마다 구름은 차올랐고 정 씨는 마을 사람들의 눈을 피해 군인들이 파 놓은 방공호 산불 감시초소 아이들이 만들어 둔 은신처 등을 전전하며 그날 치의 울음을 토해 내고 새벽이 되어서야 겨우 빈 가죽 자루로 집에 돌아왔습니다

설상가상으로 오래전에 폐경이 된 정 씨의 마누라가 임

신을 했습니다 혼자 바닷가에서 미역을 따다가 자두만 한 몽돌 일곱 개를 주워 먹는 꿈을 꾼 지 얼마 후 태기를 느낀 것입니다

두문불출의 세월 열 달 지나 둥근달이 훤한 밤에 정 씨의 마누라는 참외만 한 물개 일곱 마리를 낳았습니다

혼비백산한 정 씨는 동네 사람들이 다 잠들 때까지 기다렸다가 아기들을 모두 포대기에 싸 바닷가에 버렸습니다 침을 스물한 번 뱉고 뒤도 돌아보지 않고 가 버렸습니다

새끼 물개들은 달을 보며 울고 또 울었습니다 울다가 울다가 지쳐 검은 달이 되었다가 첫 햇살을 맞고 몽돌이 되었습니다

몽돌 형제들은 무럭무럭 자랐습니다 한 달이 채 지나기도 전에 어른이 되었습니다 어미 공룡 똥만 한 바위가 되었습니다……

지금도 멱을 감다가 바위에 올라가 등을 대고 누워 눈을

감으면 물개 울음소리가 들리곤 합니다

　밤마다 오리 덫 살피러 나가는 아재의 말에 따르면 보름달이 뜨는 밤마다 바위들은 다시 물개가 된다고 합니다 물장난을 치면서 놀기도 하고 달을 보고 서럽게 짖기도 하는데 어떤 놈은 아재를 태우고 대마도까지 갔다 왔다고 합니다

구중물 들다*

 그날, 아침부터 날개를 파닥거리며 수심水心에 박힌 부표들을 건너다니는 갈매기들이, 대군이 잠복한 숲의 표정을 닮은 바다의 얼굴이 어린 예언자의 촉수를 건드렸다

 정오 지나자 장마 구름처럼 짙어지는 징조, 뱃놈 손바닥만 한 게들이 기어 올라왔다 다듬잇방망이만 한 숭어들이 무릎 깊이에서 입을 빼금거렸다 눈치 빠른 이들이 슬금슬금 갯가로 나오기 시작했다

 늙은 암소 걸음으로 해 넘어가고 비린 저녁상 비워지자
 횃불 들고 다라이 이고 쏟아져 나오는 동네 사람들
 사냥 도구는 오직 맨손
 민란처럼 횃불 아래로 모여드는 무명씨 잡어 떼
 빨래판 크기의 넙치들 헌칠한 대나무 두께의 붕장어들
 무쇠 솥뚜껑 같은 문어들……
 원시 사냥꾼들로 북적거리는 해안은
 용 비늘 번쩍거리는 고대의 허리띠
 아, 문명의 저고리를 벗어던진 쾌감!

암각화 속에 잠들어 있다가 부활한 그날의 축제는 자정을 지나 겨우 막을 내렸다

다음 날 만灣은 모든 피를 하혈로 내보낸 여인의 얼굴처럼 적막해졌고 물 위에 떠다니는 기하학적 주검들의 냄새로 한동안 금줄이 쳐졌다

찬 바람이 일어날 때까지
아득한 곳에서 은빛 전어 군단이 오랑캐처럼 밀려와
다시 싱싱한 자궁으로 회복될 때까지……

그날 밤을 저 늙은 왜가리에게 들이부으면 성난 매가 되어 솟아오를 것이다
한 동이 푸른 전기電氣 같았던 밤!

* 구중물 들다: 적조 현상을 일컫는 통영 사투리.

원문이용원

뱀 몇 마리 잡아 길바닥 후려치면서 신작로를 이 킬로미터 걸어 올라가면
원문이용원!

수전증 심하게 앓고 있는 문을 오른쪽으로 밀고 들어가면
손짓으로 맞아 주던 이발사 가수 서유석을 닮았던 벙어리 이발사

이발소 의자 팔걸이에 얹혀 있는
수많은 엉덩이들이 반질반질하게 닦아 놓은 널빤지에 앉으면
원탁의 기사가 두르는 망토처럼 몸을 싸 주던 빛바랜 하늘색 보자기

메뉴는 밑돌리기와 삭발 두 가지뿐이었다 선택권자는 어머니들이었다 기계충이 번져 있었고 버글거리는 이 때문에 정기적으로 살충제 세례를 받아야 했던 지게꾼, 너는 언제나 삭발이었고 전주 이씨 회안대군 파 이십일 대 손, 나는 언제나 밑돌리기였다 너의 삭발과 나의 밑돌리기는 어머니 배 속에서 가지고 나온 너와 나의 신분증이었다 막내 머리

를 깎일 때에는 어머니 말을 무시하고 장자의 직권으로 삭발을 주문하곤 했다 아버지와 겸상하는 장남과 나머지 식구들의 밥상에서 밥을 먹는 차남의 신분 차이가 분명하던 시절이었다

  졸음을 몰고 오던 가위질 소리
  자꾸 한쪽으로 기울어지는 머리를 왼손으로 바로 세워 가며
  늙은 암소가 밭을 갈 듯 십 년 동안 계속되던 가위질 소리
  이슬 맞은 거미집처럼 허술한 꿈속으로 데리고 들어가
  초록 사과를 씹어 먹게 하던 가위질 소리

이발을 마친 손이 어깨를 툭 치면 꿈은 순식간에 걷혔고 놀란 입에서 반쯤 베어 먹은 사과가 튀어나오기도 했다

  선데이서울에서 납치해 와 벽에 붙여 둔 여자의 짧은 치마를 힐끗 올려다보고
  참수당하는 자세로 내민 머리를 보드랍게 문질러 주던
  닳고 닳은, 고래의 앙상한 뼛조각

머리 가죽을 파고들던 성난 밤송이
솔잎 길이의 침들이 촘촘히 박혀 있던
거북선 등짝처럼 생긴 고문 도구

이발비는 어머니가 세 번 접어 양말에 찔러 넣어 준 오백 원짜리 종이돈을 꺼내 지불했다……

시커먼 아스팔트에 눌려 눈먼 차바퀴에 눌려 마른 쥐포가 되어 있던 섬 하나
먼지를 툴툴 털고 일어선다
원문이용원!

원문상회

목련꽃이었다
갓 피어오른
입 꼭 다문

퇴근길에 소나기를 피하려고 너의 가게에 들렀다 오시는 날이면 아버지는 마루에 엎드려 산수 문제를 풀고 있는 네 이야기를 하시곤 했다 그때 이미 내 몸속에는 파도가 살고 있었던 모양이다 세상의 어떤 잔소리도 귀에 고이지 않았다

길섶에서 뱀이 기어 나왔고 어른 손바닥만 한 붕어들이 무논에서 튀어나와 퍼덕거렸던 이 길을 같이 걸어오다가 너는 너의 툇마루로 올라가고 나는 나의 바다로 들어가 물개가 되었던 세월이 육 년이었다

아마도 여기쯤일 것이다
늙은 탁자 서너 개가 있었던 너의 가게 마당
검붉은 고구마가 된 얼굴들이 저녁마다 술을 마시던 곳……

누군가의 검은 대패질에 동네는 지워져 버렸지만 탁주는

예나 지금이나 이름이 그대로다 나도 시인이 되어 아직도
그 파도 소리 꼭대기에서 물구나무서기를 하고 있다

   너는?

   너, 지금 내 목소리 듣고 있구나!

   종이 잔 속에서 한 송이 하얀 섬이 피어오른다

롯데 삼강사와

재수가 더럽게 없는 날이었다

눈멀고 귀먹은 원문 할매집 드나들며 닦은 실력으로 충무시에 처음 진출한 그날, 시외버스터미널 근처 청과상 입구 어른 허리 높이 냉장고 위에 얹혀 있는 삼강사와, 얇게 살얼음이 언 롯데 삼강사와를 슬쩍 주머니에 집어넣고 오 미터쯤 걸어가다가 너는 불독처럼 생긴 가게 주인에게 그만 목덜미를 잡혀 버렸다 감옥 보내겠다는 주인의 으름장에 혼비백산한 너는 지나가는 사람들이 다 보는 데서 윗도리 아랫도리 구멍 난 내복까지 다 벗어 주고 무릎을 꿇고 빌어야 했다

알몸으로 십 리가 넘는 길을 어떻게?

시커먼 나무 전봇대 옆에 붙어 타잔처럼 빤쓰 하나 달랑 걸치고 서 있는데 마침 윗동네 감나무집 당달봉사 할배가 쇠전에서 산 소를 몰고 가고 있었다 송아지도 한 마리 같이 가는 걸 보고 재빠르게 누런 송아지로 변신한 너는 송아지 옆에 붙어 몸도 비비고 송아지 흉내 내며 어미 소 젖도 빨아먹으면서 한참을 따라갔다

그런데 북신만 바닷가 길 들어서면서부터 어미가 알아채고 핏발 선 눈을 흘기며 자꾸 뒷발질을 해 대는 게 아닌가 낯짝이 늙은 소가죽인 너도 할 수 없이 일행에서 떨어져 나와야만 했다

사람들 눈을 피해 집까지 가려면 바다를 건너는 수밖에……

기억나는가? 그때는 된바람이 불면 바다가 얼던 시절이었다 허연 얼음덩어리 둥둥 떠다니는 바다를 한참 바라보던 너는 이판사판 검은 오리로 변신해 청둥오리 떼에 섞여 개헤엄으로 바다를 질러갔다

겨우 문둥이촌 논두렁에 올라간 너는 볏짚으로 탈진한 몸을 대충 닦고 걸신들린 족제비가 되어 몰래 양계장에 들어가 달걀 열두 개를 훔쳤다 껍질에 구멍을 뚫고 주린 배 속으로 흰자와 노른자를 흘려 넣다가 쥐새끼 바스락거리는 소린가 싶어 뒤를 돌아보니 문둥이 아줌마가 한 개 남은 눈을 똥그랗게 뜨고 서 있는 게 아닌가 깜짝 놀라 도망치려는 너를

아줌마가 엄지손가락만 있는 오른손으로 붙잡고 잠시 기다리라고 했다 술 취해 자고 있는 문둥이를 깨워 올까 봐 문틈으로 초조하게 내다보고 있는데 십 분쯤 지나 아줌마가 아들이 입던 옷 한 벌을 갖고 왔다

　얼어 죽겠는데 별수 있나

　문둥이 아줌마에게 넙죽 엎드려 절하고 문둥이가 되건 말건 그 자리에서 옷을 받아 입은 너는 원문고개를 넘어 논배미들 가운데 있는 새미까지 포복으로 기어 와 동네를 살폈다

　천만다행으로 그날이 임 씨 둘째 아들 혼사 치르는 날이었다 선창에 색색의 꽃으로 단장한 발동선이 한 척 와 있었고 색시 구경하려고 동네 사람들이 다 공터에 모여 있었다 그래서 집까지는 수월하게 갈 수 있었다

　마당에 들어서자마자 문둥이 옷은 아궁이에 던져 버리고 바로 변소로 달려간 너는 바케쓰로 똥물을 퍼내 들이부었다

그날 이후 한 달 동안 밤마다 문둥이가 되는 악몽에 시달리면서 하루도 거르지 않고 똥물 목욕을 했다……

봐라!

그날 언 바다 헤엄쳐 건널 때 돋아난 오리털이 가슴에 그대로 있다 다른 데 있던 건 금방 없어졌는데 이거는 안 없어지데 점쟁이한테 물어보니 태평양에 던져져도 물에 저절로 뜰 팔자란다 이 털이 단군 이래 둘도 없는 부적이라 카더라

이놈아!

탁주 한 사발로 세상 것 다 잊어버리고 여태 알몸으로 돌아다니는
네 마음이야말로 천하제일의 부적이다

야반도주만이 유일한 답이었다

허공에 은빛 송사리 떼가 헤엄쳐 다니던 시절이었다

사춘기의 통학 버스는 여러 구역으로 나뉘어 있었는데 한 구역이 문둥이촌 구역이었다

그날, 간신히 버스에 올라탄 너는 문둥이촌 구역과 몸이 닿는 접경에서 온 힘을 다해 우리 구역으로 넘어오려고 고군분투하고 있었다

그때, 산비탈에서 넝쿨을 뜯어 먹던 노루가 갑자기 신작로 가운데로 뛰어나왔고 기겁한 운전기사 영감은 급하게 브레이크를 밟았다

만원 버스는 아수라장이 되어 버렸는데 차 문을 닫지 못하고 양팔로 매달려 있던 차장 누나는 길 아래로 떨어져 나가 황토밭에 뒹굴었고 너의 몸뚱어리는 문둥이촌 구역 복판으로 빨려 들어갔다

그 순간, 산머루 단추가 달린 하얀 품 하나가 너의 머리를 받았다

그날 입었던 옷은 팥배나무 장작으로 피운 불에 빤쓰까지 태웠고 저주의 전염을 막기 위한 민간요법으로 너는 재래식 변소 가득 차 있는 똥물에 들어가 목만 내밀고 사흘을 박혀 있었다, 세 시간마다 물구나무를 서면서

하지만 운명은 물구나무를 서지 않았다 치욕적인 요법에서 빠져나온 후 한 달쯤 지났을까 너의 가슴속에서 이상하게 생긴 방어 새끼들이 돌아다니기 시작했다

가끔 김일성이 판 땅굴이 발견되어 규탄 대회를 하던 시절이었다 겨울방학이 되었을 때는 방어들이 발기된 거인의 물건처럼 살이 올라 있었고 너와 그 하얀 블라우스는 이미 사랑을 하고 있었다, 너의 발굽으로 다듬은 순하고 아늑한 동굴 속에서

물론 소심한 너는 방어 무리를 토해 내려고 변소에서 수백 번 물구나무를 섰다 하지만 백약이 무효였다

야반도주만이 유일한 답이었다

무학소주 열두 병에 잔은 한 개

 솟값이 갯값이고 갯값이 똥값이던 시절이었다 금값으로 산 송아지들로부터 시작된 너의 축산은 폐허가 되어 버렸고 달나라에 사는 친족들에게까지 돈을 빌린 너의 전과前過는 결국 오 리 밖에 있는 외딴섬, 문둥이촌으로 너를 몰고 갔다

 돈이 원수지!

 그런데 이게 웬일인가 구두쇠로 소문난 양계업자 문둥이가 선뜻 돈을 내놓는 게 아닌가 너를 데리고 닭장에 딸린 쪽방으로 들어가 털 빠진 닭처럼 낡은 천 원짜리를 차곡차곡 쌓아 볏짚 오리로 묶은 지폐 뭉치를 백 개나 내놓는 게 아닌가

 갑자기 허공에 전어 떼가 나타났고 은빛 갑옷을 번쩍거리며 돌아다니기 시작했다 낮술을 마셨는지 문둥이는 법 없이도 살 것 같은 네 얼굴을 뚫어지게 쳐다보더니 껄껄 웃으며 오백을 더 얹어 놓았다 전어 떼가 미친 제비 떼처럼 곡예비행을 두 번 했다

 차용증 따위는 필요 없다네

어차피 지장 찍을 지문도 없으니

마음 변하기 전에 빨리 나가야 되겠다 싶어 구십 도로 허리 꺾어 인사하고 방을 나오려는 찰나 문둥이가, 닭털이 볼을 간질인 불그레한 접시꽃처럼 웃으며 손을 내밀었다 순간 불알에까지 소름이 번졌고 미리 준비해 간 일제 가죽 장갑을 낄 틈도 없이 너는 두 손으로 검지만 남은 손을 꼭 잡아야 했다

괜찮다
고량주와 소주를 반씩 섞은 물에 사흘 담그고 있으면 된다

할아버지가 일러 준 특수 요법으로 겨우 두려움을 가라앉히고 악수를 끝내고 돌아서려는데 이건 또 무엇인가 개다리소반 하나가 걸어오는 게 아닌가 문둥이 아지매가 고무장갑도 안 낀 손가락 세 개로 장독에서 꺼내 쭉쭉 찢은 벌건 김장김치를 이고 주안상이 들어오는 게 아닌가

무학소주 열두 병에

잔은 한 개!

돈거래를 할 때는 빌려주는 사람과 빌려 가는 사람이 마주 앉아 잔 한 개로 주고받으며 열두 병을 다 마셔야 나간 돈이 다시 돌아온다네

자, 한 잔 받으시게

허어…… 이거 난감하도다!

제2부

숲이 있었다

우람한 목질의 골격들 사이 서늘한 여백을 채운
엉터리 탁주가 남긴 숙취 같은 덤불들
무수한 솜털 돋은 연록의 섬유질 간질이며
혀 짧은 사투리 뱉으며 텃새들 날아다니던
숲이 있었다 흙의 피, 물이 꾸는 꿈의 빛깔
가슴팍에 무량수 꽃으로 피고 지던
숲이 있었다 소나비 멈추면
풀벌레들의 합창 물먹은 박꽃처럼 피어오르던
숲이 있었다 배롱나무 구렁이 뼈
염천 지옥 백 일 동안 물과 피를 이고 서 있던
숲이 있었다 푸른 계절의 허벅지에 붙어
소나무들을 톱질하는 매미들의 복근腹筋 느슨해지고
수풀 속에 은둔한 성욕의 화관들 시들해지면 개옻나무 붉은 독 오르던
숲이 있었다 부처님 귀만 한 버섯들 뿌리 내린
눅눅하고 성스러운 습기에 뿌려진 만추의 산화공덕을 밟고 오는 바람에
훤칠한 공空의 심장에서 태어나 잿빛 도포를 걸치고 뚜벅뚜벅 걸어오는 바람에
전신에 두른 색色 흔쾌히 맡기던

숲이 있었다 까마귀 부리에서
갓 구운 숯덩이 억새 백발에 뚝뚝 떨어지던
눈밭에 찍힌 장끼 발자국 바늘땀처럼 나그네 마음 기워 주던
숲이 있었다 밤의 동정童貞을 범하며
달이 떴다 옹달샘의 눈에 새끼 노루의 눈에
상엿집 지붕에 모여 윷놀이하는 정령들의 눈에
처녀 달 떴다 쌓인 낙엽 속으로 난
소심한 길의 관절을 삐거덕거리게 하며 눈에 달을 켜고
들쥐들 돌아다녔다 사철나무에 쳐진 거미줄에 걸린 달빛
금강석이 되었다 천상의 소주를 들고 내려온 별빛
소쩍새 노래 타고 놀러 왔다 족제비들의 심장
양귀비꽃으로 타올랐다 산돼지들의 강철 엄니
사타구니를 팠다 귀신들의 흑진주 눈알 도깨비 족장의
수정 틀니 환하게 빛났다 어둠의 황홀한 봉두난발에 황금 빗을 든
여명이 찾아오면 오색딱따구리 두드리는 목탁 소리에
잠을 깼다 음낭에 먹물 가득 찬 필경사 염소 영감 돋보기 쓰고
새 풀을 뜯어 먹었다 발기된 풍뎅이들의 뿔 토끼 똥을 떠

받으며
　사춘기를 굴러다녔다 가방 메고 누런 길 달려오는
　소년의 발소리에 아름드리 굴참나무 이파리들 모두 귀를 쫑긋 세운
　청각聽覺이 되었다 소년은 할머니 무덤에 누워 그림책을 읽다가
　종종걸음 치는 메추리를 쫓아 밤꽃 가루 아늑한
　안개 속으로 사라졌다 왼쪽 겨드랑이에서
　솟아오르는 알몸의 시간이 무명씨 들꽃들 아래로
　꼬리지느러미를 흔들며 흘러갔다 거웃 나지 않은 청안淸顔의 시간이
　젊은 쇠(鐵) 울음 우는 장수하늘소를 타고
　이마를 돌아다녔다

그 집

　다 자란 바보 마음 같은 돌담을 넘어 다니는 신격神格의 구렁이
　탱자나무 울타리에 널려 있는 색색의 고까옷
　챙 없는 중절모에 까치밥 떨어져 있는
　만삭의 장독에서 익어 가는 뽈래기 김치
　검은 부엌 조릿대 창살 사이로 날아드는 복사꽃
　늙은 산적의 심보 같은 무쇠솥
　방고래에 붙어 자다가 새벽 군불에 놀라 튀어나오는 도둑고양이
　서까래에 쳐진 주인 떠난 거미집에 붙어 있는 속이 텅 빈 파리들
　문설주 틈으로 들어와 얼어붙은 번개 되어 꿈틀거리는 달빛
　격자창 한지 구멍으로 밀려오는 서리 맞은 소국꽃 향기
　배고픈 새끼 제비들 뚝뚝 떨어지는 툇마루 아침상
　창고 천장 합판 위에서 단거리 경주를 하는 들쥐들
　재래식 변소 옆 우리에서 젓가락만 한 지네를 씹어 먹는 씨돼지
　독사를 찍어 죽이는 수탉의 심장에서 이글거리는 불잉걸
　노란 정구공 되어 절름발이 지게 발치에서 해바라기하

는 병아리들

    묵직한 쇠사슬 목에 걸고 하얀 권속들을 지키는 대장 거위

    누런 토종개의 눈구멍에 젖어 있는 소심한 흑진주

    되새김질하며 가부장의 턱수염을 쓸고 다니는 염소 영감

    곡비哭婢 되어 텃밭 두렁 고사목의 고독을 울어 주는 매미

    종려나무 푸른 부채에 앉아 단조短調를 연주하는 귀뚜라미 악사

    어둠의 나신을 난도하는

    풀벌레들 유리 칼 가는 소리에 뒤섞여 춤추는 정령들

    뒷산 왼쪽 겨드랑이에서 내려온 물이 피우는 맨드라미 불꽃

    달을 삼켰다 뱉어 내는 우주목, 무화과나무

    황금 등신불 되어 그믐을 밝히는 금사철나무

    밤의 무궁한 자궁벽에 대취한 손이 뿌린 무량수 금싸라기들

    저승에서 맞춘 틀니 끼고 할아버지 마실 오게 하는

    집의 체취, 죽은 석화石花처럼 누워 있는 섬돌의 귀를 여는

집의 말(言), 뒤란에 웅크린 음지 식물들의 우울한 이파리를 간질이는
집의 숨결, 순한 흙으로 빚어진 늙은 암소 눈알에 담겨 있는
집의 영혼

맨발의 시간이 평상에 앉아 부는 보리피리 소리 들린다
물개를 몰고 다니는
호적에 잉크도 마르지 않은 까까머리 소년이
동갑인 측백나무와 함께 자라고 있다

동네

1
반송盤松의 상투 발끝으로 간질이며 뛰어넘는 여우들
굴참나무 군락에서 젖은 별처럼 터졌다 잦아드는 소쩍새 울음
자귀나무가 꾸는 활짝 펼친 공작 꽁지깃 같은 백일몽
때죽나무 이파리 속에 들어 있는 퍼런 독毒
밤나무에 혈거하는 금속으로 만든 장수풍뎅이들
사철나무 품속에서 잠자는 산토끼들
후박나무 사타구니 벼락이 만든 구멍에서 살림하는 다람쥐들
비파나무 과원 동양화 밑에 숨어
서리꾼의 발목을 노리는 살기등등한 덫
옻나무 가지에 매달린 입술들
떡갈나무 철갑에 뿔을 가는 숫염소의 검은 성욕
이백 살 먹은 동백나무 줄기 속 컴컴한 동굴에서 꽃을 만드는 정령들
바람 부는 밤 대나무 숲에서 노 젓는 지네 발처럼 수런거리는 정령들
술 취한 구렁이처럼 삼나무 품으로 사라지는 오솔길
빛바랜 군복 걸친 훤칠한 미루나무에 붙어

흐벅진 계절의 허벅지를 톱질하는 매미들
오동나무 속에 누워 있는 관棺과 가야금
당산 느티나무 발등에서 흘레붙는 똥개들
노송老松 발치에서 늙은 자전거 바큇살 돌아가는 소리 같은 잠
매화나무 짙은 암내로 울타리 두른 보리밭 자궁 깊은 곳에서 숨 쉬는 점박이 꿩알들
살구나무 꽃그늘에서 벌이는 하얀 술판들
뻐꾸기 우는 밤 숭어의 꿈에 떨어지는 돌배나무 꽃잎들
외팔이 아재가 목을 맨 벼랑 끝 포구나무

2
가랑비 이불 덮고 선잠 자다가
다시 졸린 눈 비비며 일어나는 풀벌레 소리
푸른 이끼 무성한 우물에서 끊임없이 샘솟는 동정童貞
담쟁이가 점령한 돌담들
넝쿨에 매달려 잿빛 슬레이트 지붕에서 찌그러져 가는 황금 불알들
장마 냄새 맡고 양철 지붕에 박는 새 못

웃자란 조릿대 너머 툇마루 벽에 달려 있는 괘종시계
가자미처럼 생긴 칼로 오장육부 들어내고 볏짚 몇 가닥
눈알 뽑아낸 자리에 끼워 빨랫줄에 걸어 둔 물메기들
윤기 흐르는 머리카락으로 짠 새끼 염소 울음소리
천남성 뜯어 먹고 배앓이하는 암소
안개 짙은 새벽에 내려와
섬돌에 묵주 알 대여섯 개 싸 놓고 가는 노루들
파도 소리와 노숙하는 귀신들이 동거하는 어막魚幕들
호박만 한 부표에 앉아 그물 손질하는 너도밤나무 같은 처녀들
아기 무당 거느린 어미 무당이 하늘 수탉 옷 빌려 입고 춤추는 풍어제
태풍에 몰려오는 서까래만 한 갈치들
뱃사람 팔뚝만 한 해삼 배 속에서 눈 뜨고 있는 이빨들
성난 발동선이 그리는 항적들
항적에 출렁이는 사춘기

소년

소낙비에 젖은 붉은 밭 간질이는 박 넝쿨 더듬이 같았던 시절이었다
붕어 떼 내려가고 모치 떼 올라오는 개천 무성한 여뀌 속에서 자다가
인기척에 놀라 튀어나오는 고라니 눈알 같았던 시절이었다
텅 빈 논바닥에 옹기종기 앉아 볏짚 모아 피우는 불
살찐 가을 독사를 굽는 순결한 불의 속살 같았던 시절이었다
무화과나무 줄기에 혈거하는 장수하늘소가 씩씩거리는 소리 같았던 시절이었다
떡갈나무 가지를 잘라 만든 엉성한 토끼 덫 같았던 시절이었다
재래시장 늙은 국수 기계에서 갓 뽑아낸 국수 가락 같았던 시절이었다
벌떡게 주꾸미 해삼 성게 뒤섞여 꿈틀거리는 성긴 망태기 같았던 시절이었다

오래 버려진 무논 가장자리에
누군가의 맨발이 찍어 놓은 발자국들이 아직 남아 있다

올챙이들의 춤이 지우고 또 지워도 형체 허물어지지 않고

밤이었다

처녀 귀신들 머리채 잡고 싸우는 소리가 오줌보를 간질이는 밤이었다
동네 꼭대기 일가 집 마당에서 총각 귀신 장작 패는 소리가
오줌보를 쿵쿵 두드리는 밤이었다

문고리 더듬어 찾아 방문 열고 마당 가로질러
전주 이씨 회안대군 파의 족보를 훤히 알고 있는 변소에서
수백 마리 새끼들을 내보냈다는 성긴 털이 오래 쓴 칫솔모 같은 씨돼지가
코를 드르렁드르렁 골고 있는 변소에서
노란 오줌을 쏟아 내고 나오는 밤이었다

설문대 할망처럼 거대한 두 아름 무화과나무의 비밀을
허리 팔다리 군데군데 고름 줄줄 흐르는 무화과나무가
백 살이 넘어도 여름마다 복숭아만 한 무화과를 셀 수 없이 매다는 비밀을
무화과 속에 들어 있는 잘게 썰어 놓은 갓난아기 혓바닥
다디단 혓바닥의 비밀을

장수하늘소를 시켜 겨드랑이에 구멍을 파고
　개미 허리에 실을 묶어 집어넣어도 물고 나올 수 없었던 비밀을
　단박에 알아낸 밤이었다

　무화과나무 시키면 입속으로 사라지는 달의 통통한 엉덩이를 처음 본 밤이었다
　검은 이파리들을 타고 흘러내리는 아기 울음소리가 또렷이 들리는 밤이었다

멱을 딴다

새벽마다 씨암탉이 낳아 주는 황금 계란으로
바다 얼리는 바람에 얼어 죽은 비둘기로
낚시에 미꾸라지 꿰어 잡은 오리로
청산가리 넣은 팥을 놓아 잡은 꿩으로
겨우겨우 메워 온 마을의 기름기가 바닥나는 날
드디어
멱을 딴다

마누라들 몰래 꼬불쳐 둔 때 묻은 지폐로
우리에서 주둥이로 바닥을 파고 있는 중돼지 한 마리를 몰고 나와
가뭄에 돌이 갈라진 개천에서 밧줄로 다리를 꽁꽁 묶어 놓고
허연 거품 토해 내는 놈의 멱을 딴다

베트남에 가서 수많은 베트콩을 죽였고
아침마다 거르지 않고 소주 네 병을 마시는 뱃놈 중의 뱃놈
사흘마다 아리따운 부인을 발가벗겨 놓고
골목에서 매질하는 잡놈 중의 잡놈

네가 잡아 오는 뱀을 백 원짜리 동전 하나 던져 주고 뺏어 가
이빨로 껍질을 벗겨 통째로 씹어 먹는 너의 삼촌이
시커먼 숫돌에 간 도미만 한 부엌칼로
삼생의 힘을 다해 발버둥 치는 놈의 멱을 딴다

이발소에서 사용하는 면도칼 수천 개가 허공에 솟아올라
난폭한 춤을 추며 서쪽 하늘을 난도질한다
검붉은 피가 철철 쏟아진다

칼을 뽑아낸 너의 삼촌이
쏟아지는 피를 양푼으로 받아 벌컥벌컥 들이켠다
누런 수건으로 땀을 닦는다
깍두기 몇 개 씹어 먹고 무학소주로 입을 헹군다

울음소리가 잦아든다
마지막 면도칼이 바다에 떨어진다

피 노을 지우며 달 뜬다
불알 없는 수퇘지가 베풀어 주는

기름진 잔치의 막이 오른다

공부방

장대로 다리를 늘인 난쟁이 광대처럼 철사로 각목을 묶어 키를 높인 앉은뱅이책상이 있었다
등받이 없는 나무 의자가 만성 관절염을 앓고 있었다
씨고구마 두 가마니가 삼동 내내 함께 살았다
천장 구석에는 삭은 족보 같은 거미집이 하늘거리고 있었다
죽은 이름처럼 마른 거미가 공책 위에 떨어지곤 했다
수많은 노를 저으며 검붉은 지네들이 기어 다니는 길이 숨어 있었다
뜨끈한 구들장 아래 방고래 구석, 잦아든 군불이 남긴 온기의 둥지에는
반쯤 눈 감은 토종닭과 병아리들이 몽돌처럼 박혀 있었다
자정 무렵에는 여닫이창 한지 구멍들을 통해 들어온 달빛이
새끼 염소들의 영혼처럼 모여 속닥거리곤 했다

일천구백칠십구년 일월 십오일 새벽 네 시
염소 발굽만 한 눈송이들이 무수히 떨어지는 소리가
떨어져 벌거벗은 무화과나무 무릎까지 쌓이는 소리가
꿈의 겨드랑이를 간질이고 있었다

바다 어는 날

소나무 가지에 붙어 자다가 심장이 식어 떨어진 비둘기들
지겟작대기가 다가와도 눈 감고 꼼짝하지 않는 꿩들
멸치 삼키며 얼어 죽은 청둥오리들
모두 한데 모아
양은 바케쓰 끓는 물로 깃털 벗기고
시커먼 부엌칼로 창자 들어내고
대구만 한 작두로 새끼 염소 앞다리 길이로 자른
엄나무 옻나무 두릅나무 깔아 놓은 가마솥에
통발에서 꺼낸 낙지 가자미 문조리
땡추 대가리 문어와 함께 차곡차곡 쌓아
육송 장작불로
내생來生까지 푹 삶는다
탁주! 소주! 정종!
탱자나무 울타리 두른 늙은 슬레이트 집 내장 깊숙이 숨어 있던
술병들이 먼지 털고 나와
뽈래기 반쯤 삭은 배추김치 수북이 담긴
양푼들 곁에 두 줄로 선다
가마솥 가득 끓고 있는 육수에 수제비를 뜬다
할배들 아재들이 멍석에 모인다

손등이 마른 논처럼 갈라지고 콧구멍에 허연 애벌레가 살고 있는 아이들이
　화톳불가에 둘러앉는다

기러기가 먹고 싶다

도미가 먹고 싶다
배를 가르면 가끔씩 오리 새끼가 들어 있던
소죽통만 한 감성돔
영험한 무당 눈알이 박혀 있던 놈의
허연 살

대구가 먹고 싶다
거제 가조도에서 잡아 오던 대구
몸뻬 입은 아낙들이 빨간 고무장갑 낀 손으로 창자 모두 쓸어 내고
빨랫줄에 걸어 놓으면 파리 무수히 달라붙던
실한 머슴의 넓적다리

문어가 먹고 싶다
바다 어는 겨울 새벽
갯가에 나간 아재들이 한두 마리씩 잡아 팔뚝에 감고 오던 문어
숙회를 만들어 제사상에 놓아두면
전주 이씨 족보 책처럼 쌓인 시루떡 옆에 놓아두면
할아버지가 저승에서 끼고 온 틀니로 잘도 씹어 잡수시던

남쪽 바다 돌문어

청둥오리가 먹고 싶다
삼동 내내 만灣을 다 덮어 버리고
밤마다 수컷들 싸우는 소리로
온 동네 사람들 잠을 설치게 하던 청둥오리
찌그러진 양은 바케쓰에 넣고 장작불로 푹 익히면
노란 기름 둥둥 떠다니던 국물

기러기가 먹고 싶다
달 밝은 늦은 가을밤
볏짚 가리 근처에 청산가리 넣은 콩을 놓아 잡았던 기러기
날개를 벌리면 한 발이나 되는 놈을
가마솥에 넣고 종일 삶아……

아우 먼저!

 황소 대가리 크기의 복어가 남자 형제만 열두 명인 박 씨의 그물에 걸렸을 때다

 원양어선 주방 출신 막내가 옆 동네에 가서 칼을 빌려 와
반나절 동안 무릎 꿇고 앉아
마분지 두께로 오백 원짜리 지폐 반 장만 하게 포를 떠
거북 등짝 같은 몽돌 여섯 개 위에 올려놓더니

 배 따고 내장 들어낼 때 사발에 모아 둔
그 무시무시한 독을 살짝 뿌리는 게 아닌가

 깜짝 놀라 눈이 똥그래진 형님들을 보고 막내 싱긋 웃으며

 독을 좀 뿌려야 진짜 복어회지예
목숨과도 바꿀 만한 맛이라꼬 안 합니까
자, 한 젓가락 하시이소

 허허…… 아우 먼저!

늙은 암소를 타고 간다

   낮술로 탁주 한 말 혼자 다 마시고 유쾌한 불덩어리가 된 삼촌이 겉옷 속옷 다 벗어 던지고 늙은 암소를 타고 간다

   주역周易처럼 늙은 소나무들
   휘파람새 소리에 눈 뜨는 사철나무들
   날개로 몸에 박힌 난장亂場의 자모字母들을 털어 내는
   하늘수박만 한 텃새들
   서로 붙어 한 덩어리 바위가 되어 있는 염소들
   숨 쉬는 바위 등판에서 반짝거리는 젖은 별들
   활짝 열린 야생화들의 옥문玉門을 들락거리는 꿀벌들
   산돼지 발자국 속에서 흘레붙는 지렁이들
   반달곰처럼 서서 흑진주를 굴리는 쇠똥구리들

   사철 얼음물 솟아오르는 연못에 뛰어 들어가 유쾌한 물덩어리로 변신한 삼촌이
   소 등에 누워 휘파람을 분다

   해초들이 그린 몽유도원도 위에 누워 꿈을 꾸고 있는 해달
   뿔이 갓 돋아난 중송아지처럼 이물을 부딪치며 놀고 있

는 어린 목선들
　익사한 두더지 눈알을 쪼아 먹는 까마귀
　폐선弊船의 자궁을 털고 있는 갈매기
　무념의 깃대 끝에서 좌선坐禪하는 왜가리

　황홀한 술의 무게에 취해 갈지자로 걸어가는 소가 검은 똥을 싼다

　갯가재들 혈거하는 구멍들이 멀건 뜨물 뿜어내는 갯벌에는
　물오리 씨족들이 맨발로 찍은 무수한 인영印影들
　거품으로 투명한 오디를 만드는 칠게들
　성난 집게발로 석화를 갉는 갯게들
　몸뻬 입고 조개 파는 여자들
　호미 든 채 달 항아리 드러내고 소변보는 여자

　마을 회관 앞 느티나무 아래 잠시 내려 노옹들 장기판에 오줌 한 말 시원하게 싼 삼촌이 유행가 부르며 술을 타고 흘러간다

굽소마다 맷돌을 올려놓은 빛바랜 슬레이트 지붕들
　평상에 모여 수제비를 먹고 있는 노파들
　물고기 배 속으로 들어간 피붙이들을 꺼내
　무지개 걸치고 바다 건너오는 여우비 같은 추억을 안주로
　소주를 마시고 있는 사내들

　삼촌의 누런 이빨 같은 노랫소리에 꼬리 들고 장구 치는 소가 저음의 산빛 울음을 운다

　멀리 절벽 종아리에는 하얀 고래 수십 마리의 꼬리지느러미들
　거대한 거북의 주량을 간질이는 무량한 맥주 거품
　모로 누워 상사몽을 꾸고 있는 남근들
　과부섬 너머에서 피어오르는 구름의 음흉한 육덕
　무명 저고리 벗고 잿빛 털옷을 입는 서쪽 하늘

　사흘 낮밤을 흙 마당에 누워 자다가 이른 새벽 소낙비에 다시 부활할 삼촌이 알몸으로 둥둥 떠간다

소 한 마리 있어야겠다

아지랑이 피어오르는 봄날 변두리 소전에서 몰고 오는
소 한 마리 있어야겠다
등겨와 마른 고구마 줄기 섞어 무쇠솥에서 끓인 소죽 먹고 무럭무럭 자라는
소 한 마리 있어야겠다
고삐 끊고 참깨밭 헤치며 돌아다니는
소 한 마리 있어야겠다
흙 마당에 햇살 가득 고인 어느 여름 오후 옆집 할배에게 끌려와
툇마루 가운데 기둥에 묶여 코가 뚫리는
눈을 치뜨고 익은 대추알 뚝뚝 떨어뜨리는
소 한 마리 있어야겠다
조상 대대로 내려온 쟁기 끌고 하루 종일 논을 가는
소 한 마리 있어야겠다
볏짚으로 짠 가마니 옷 입은 새끼에게 겨울 내내 젖을 먹이는
소 한 마리 있어야겠다
열 말 탁주 한꺼번에 다 빨아 마시고 사흘 동안 잠을 자는
소 한 마리 있어야겠다
인도 거리를 활개 치고 돌아다니는 소들처럼 오만하지

도 않고
    이중섭이 그린 소처럼 괴팍하지도 않은
    무뚝뚝한 식구 같은
    소 한 마리 있어야겠다
    눈 반쯤 감은 되새김질로 집의 인격을 어른으로 만들어
주는
    소 한 마리 있어야겠다
    나이 먹을수록 눈이 종교처럼 깊어져 가는
    소 한 마리 있어야겠다
    늙은 눈동자 속에 흙으로 지어진 집의 영혼이 숨어 있는
    소 한 마리 있어야겠다
    이 땅의 가장 큰 생명 덩어리
    온몸이 한 덩어리 온기인
    소 한 마리 있어야겠다

오래 잊어버렸던 이름 한 마리

팔뚝만 한 붉은 해삼을 찾아 바닷속을 훑고 다니던 해녀가
잘피 무성한 갯벌에 붙어 있는 석 자 크기의 넙치
등에 어떤 이름 세 자가 새겨진 넙치를 발견하고
깜짝 놀라 갈고리로 찍어 두 손으로 끌고 해변으로 걸어 나온다

달빛 훤한 새벽 세 시
누런 방바닥에서 넙치가 퍼덕거린다 천장까지 튀어 오른다
온몸으로 벽을 때리고 꼬리지느러미로
눈 반쯤 감고 앉아 있는 옛 동무의 **뺨**을 후려친다

미안하다 미안하다 참 오래 잊고 있었구나
너, 발굽 신고 태어난 말갈족 놈아!

그래, 탱고의 수도에서 차린 일곱 번째 신혼은 안녕하신가?
새하얀 앞니로 살짝 물어 네 검은 발굽을 순식간에 **뽑**아 버렸다는

금발 마누라도 여전하신가?

혹시 너 또……?

달이 훤했지!

전주 이씨 회안대군 파 십구 대 손 이몽룡
자네가 옆 동네에서 굴 까러 온 전주 이씨 효령대군 파 이춘향과 사랑에 빠져
반대하는 양가의 협박을 피해 남원으로 도망가 식을 올리고
넉 달 만에 아기 만들어 돌아온 그날 밤

달이 훤했지

어느 순간 변 사또로 변신한 자네가
이틀마다 칼을 씌우고 고문하는 바람에
춘향이 아들 업고 울며 떠난 그날 밤도

달이 훤했지

다방에서 차 심부름하는 접시꽃을 데리고 와
살림을 차린 지 열흘쯤 되었던가
춘향이 큰오빠가 사흘 낮밤 숫돌에 간 낫을 들고 찾아온 그날 밤
혹시나 해서 문설주에 세워 둔 도끼를 들고

빤쓰도 걸치지 않은 알몸으로 뛰쳐나가
이빨 드러내고 으르렁거리는 똥개와 연합하여 노한 낫과
일 분간 맞서다가
다리가 너무 후들거려 똥개와 동시에 꼬리 내리고 도망친 그날 밤도

달이 훤했지!

괭이 들고 급습한 처남들에게 잡혀
밧줄에 묶인 채 오 리를 걸어가 처갓집 마당에서 무릎 꿇고 사죄하고
장남 업은 춘향이 뒤에 달고 접시꽃과 함께 고개를 넘어오던 그날 밤도

달이 참 훤했지?

똥개

개헤엄 치며 놀다가 뛰어오르는 숭어, 대가리에 맞고 심장이 멎을 뻔했던 놈
헛간에서 쥐 잡다가 들고양이와 눈이 마주치면 꼬리 내리고 슬슬 기어 나왔던 놈
뒷산에 토끼 사냥 갔을 때 사철나무 숲에서 장끼 날아오르는 소리에 놀라
뒤도 돌아보지 않고 집으로 내달렸던 놈
오소리 굴에 들어갔다가 피 칠갑이 되어 뛰어나왔던 놈
닭 우리에서 불침번 서다가 족제비에게 물려 한 열흘 절고 다녔던 놈
무당 눈알 장닭에게 쪼여 포졸 눈알이 실명 위기까지 갔던 놈
푸른 초장에서 외뿔 흑염소와 혈투를 벌였던 놈
돌담 너머 노망든 숙자 조모, 지팡이에 돌멩이만 걸려도 쌍욕을 해 대던
난쟁이 반만 한 숙자 조모에게 으르렁거리며 이빨을 드러냈던 놈
숙자가 재래식 변소에 빠져 숨이 넘어갈 때 신나게 달려가 짖어 댔던 놈
그날 이후 숙자 뒤만 졸졸 따라다녔던 놈

바다 건너 숙자가 시집가고 난 뒤
 하릴없이 해변을 어슬렁거리다가 넝마주이 배 속으로 사라져 버린 놈

다 죽었다

검게 취해 힘줄 끊어진 통발처럼 논두렁에 처박혀 자던 주정뱅이들도 다 죽었다
맷돌 위짝만 한 아귀 꼬리지느러미 잡고 휘두르며 싸우던 뱃놈들도 다 죽었다
꽁초 물고 귓구멍으로 연기 내뿜던 참전 용사들도 다 죽었다
옆구리 터진 쌀가마니 싣고 짐 자전거 몰고 다니던 외팔이들도 다 죽었다
괴불주머니 번져 있는 논도랑을 흘러가는 물의 늑골처럼 웃던 여자들도 다 죽었다
콩나물 먹고 회충 누던 아이들도 낫 놓고 기역 자도 모르던 바보들도 다 죽었다

그해의 죽음들

뗏목에서 그물 깁는 할아버지 옆에서 싸리나무 낚싯대로 복어를 낚던 아이가
할아버지가 잠시 조는 사이
잘피에 걸터앉은 해마가 속삭이는 소리를 듣고 물속으로 들어갔다

은빛 물고기 떼 헤치고 나아가는 물개의 헤엄이 그리는 곡선처럼
날렵하고 아리따운 단발머리 처녀가
짝다리 총각과의 혼인을 반대하는 어미 때문에 농약을 마셨다

전주 이씨 일가의 쟁기질 써레질을 도맡아 하던 아재가
메콩강 상류를 누비는 카누처럼 단단하고 순박한 외팔이 아재가
가랑비 오는 날
마지막 담배를 피우고 바닷가 언덕 포구나무에 목을 매달았다

J에게

오래전 네가 눈감았다는 그날 밤

우리들의 바다는
얼음으로 덮였을 것이다
불알주머니 내놓고 다니던 시절
저기 언덕 가득했던 아카시아
돌도끼로 찍어 긴 칼을 만들었던 아카시아 밑동 두께의
파란 수정 얼음으로 덮였을 것이다

안장에 산토끼 털가죽을 얹은 썰매는
한참을 머뭇거리다가 떠났을 것이다
오래 앓아 청둥오리 깃털보다 가벼워진 너를 싣고
군데군데 박혀 잠든 고래들의 꿈 냄새에 잠시 잠시 묶였다가
우리들의 어머니, 만(灣)의 자궁을 열고
수평선을 넘어갔을 것이다……

너는 없다고 한다

무논

개구리 울음소리가 상수리나무 숲을 만든다
물뱀이 지나가는 모양이다 숲의 키가
갑자기 낮아져 수면에 닿았다가 다시 높아지며 울창해진다

숲속에서 아재가 써레질을 하고 있다
논둑에 앉아 종아리에 붙어 있는 거머리를 떼면서
퉁퉁 불은 라면을 안주 삼아 탁주를 마시고 있다

숲속에서 할머니가 논물을 지키고 있다
할머니 눈에는 귀신이 보인다
하얀 소복을 입은 처녀가 계곡을 올라가고 있다
처녀의 발이 땅에서 두 뼘 떨어져 있다
무서워진 할머니는 할아버지 무덤 곁으로 자리를 옮긴다
할아버지가 할머니를 안아 준다
할머니가 잠시 잠이 든 사이 물 도둑이 논둑에 구멍을 내고 사라진다

숲속에서 머슴 손바닥만 한 붕어가 튀어나온다
아버지 뒤를 졸졸 따라가다가

괴불주머니 노란 꽃들 번져 있는 논가에서 붕어 두 마리를 잡아
검은 비닐봉지에 넣고 물을 채운다
봉지가 오줌을 눈다

사방팔방으로 뻗어나가는 상수리나무 가지에 찔려 잠이 만신창이가 되었는지
고라니 한 마리가 눈에 반딧불을 켜고 내려온다
마른입을 댄다
놀란 숲이 한순간에 물속으로 허물어진다

그믐밤이다
송홧가루 자욱한

걸음마 배우는 봄바람이

1

걸음마 배우는 봄바람이 미루나무 새 눈을 혓바닥으로 핥고 있다
  겨우내 얼어 있던 개구리 몸속의 피가 녹고 있다
  색색의 병아리 달고 다니는 검은 씨암탉이 갈고리로 두엄을 파
  김이 모락모락 나는 굼벵이를 쪼아 먹고 있다
  갈매기가 도요새 새끼를 통째로 삼키고 있다
  날개 치며 물 위를 뛰어가는 물오리 노란 발이 바다를 간질이고 있다
  서리 덮인 늙은 철선鐵船의 심장이 다시 고구려처럼 뛰고 있다

2
무진장 진달래 꽃불 산을 태우던 날이었다
등굣길 눈앞에서
날렵한 노루 한 마리 사철나무를 훌쩍 뛰어넘던 날이었다

16번 이중도, 장래 희망은?

거지입니다!
교실은 웃음바다가 되어 버렸고
이놈! 지금 선생님하고 장난치는 거냐?
뒤에 가서 책상 들고 서 있어!

5학년 때의 문답이다
아무리 생각해 보아도 열한 살 때의 이 다섯 자가
 지금까지 내 입을 통해 나온 말 중에서 가장 심오한 것이다

3

옆집 대청 구석에 박혀 있는 늙은 전축이 유행가 구성지게 부르는
환한 대낮이었다

복사꽃 떨어져 날리는 흙 마당
또 제사가 있는지
장작불에 솥뚜껑 뒤집어 얹어 놓고 찌짐 부치시던 어머니
툇마루에 책가방 던지고 망태기 작살 들고 뛰어나가는

아들을 보고

공부 머리는 없어도 멍은 길 기라 카더마는……

초록 물감 방울 같은

1

초록 물감 방울 같은 개구리 새끼들이 튀어 다니고 있다
메기수염으로 논바닥을 더듬으며 우렁이가 장자莊子의 걸음걸이로 마실을 다니고 있다
검은 돌로 만든 농업용 수로에는 장가 못 간 아재의 성욕이 흐르고 있다
속도 모르는 소금쟁이가 늘씬한 다리로 성난 성욕의 허벅지를 간질이고 있다
거대한 호박꽃에서 태어난 해가 중송아지 울음소리를 내며 산허리를 넘어오고 있다

2

몸속에 송아지 뿔이 다섯 개 돋아난 물방개가 사방을 들이받으며 뒹굴고 있다
거머리 속에서 붉은 무희가 긴 소매를 흔들고 있다
가끔 뱃사람 손바닥만 한 붕어가 고대의 성욕처럼 퍼덕거리고 있다
점박이 개구리 떼가 울고 있다 누군가의 거대한 손바닥이
검은 진주를 깎아 만든 무량수 머루알들을 천천히 비비

고 있다

3

장대비를 덮고

장작불 위에 누워 힘줄 굵은 노동이 자고 있다 등에 지느러미가 달린 아이들이 자고 있다

어미 곰만 한 무쇠솥이 자고 있다 전갱이 닮은 부엌칼이 자고 있다 내장 다 지운 해탈한 거미가 자고 있다

두 아름 무화과나무가 자고 있다 세 들어 사는 정령들이 자고 있다 장수하늘소가 자고 있다

황소 음낭 속에서 코뚜레 꿰지 않은 불알이 자고 있다 제비 주둥이가 자고 있다

술이 자고 있다 술주정이 자고 있다

갈대 허리까지 차오른 개천에서 숭어 가족들이 자고 있다 참게 집게발이 자고 있다 틈니 낀 목선이 자고 있다

산불이 자고 있다 산불 감시 초소가 자고 있다 총상 입은 비석이 자고 있다

붉은 밭이 자고 있다 멧돼지 발자국이 자고 있다 처녀귀신 피 머금은 산딸기가 자고 있다 입 크게 벌린 똥장군

이 자고 있다
　장대비를 덮고……

여름이었다

웅녀 몸통 두께의 여름이었다
저승에서 온 할배가
칠십 살까지 젖이 흘러나왔던 감나무골 할매 젊을 적 젖통만 한 참외를
놋숟가락으로 퍼 먹고 가던 여름이었다
망태기를 빠져나간 뱀장어가
검붉은 이무기가 되어 꿈의 숨통을 칭칭 감던 여름이었다
둥근달이 떠 있었다
복숭아나무집 딸 일곱이 모두 장독대에 나와 목욕을 하고 있었다
돌담에 붙은 고양이 눈알에 푸른 불이 이글거리고 있었다
숨죽인 고요의 겨드랑이에서 반딧불들이 태어나고 있었다

이른 아침 하얀 고무신이

1

이른 아침 하얀 고무신이 서리 맞은 동양화 속으로 들어간다
정지된 풍경화 속에는 무수한 동사動詞들
보리수 열매만 한 메뚜기 떼가 튄다
독 없는 뱀의 꼬리가 텃새들의 경음硬音 속으로 사라진다
붉은 열매와 가시 속에는 타원형의 새집
무뚝뚝한 숫돌에 조선낫 가는 소리처럼 서늘한 계절의 날숨에
노란 꽃들이 마른다

2

점심 먹다가 갑자기 체한 아이를 뒷좌석에 앉히고
선생님이 자전거를 끌고 고개를 올라가고 있다
살찐 독사들이 늙은 버스 바퀴에 짓눌려 쥐포가 되어 있는 고갯길을
땀을 뻘뻘 흘리며 올라가고 있다
깨끗하게 면도한 불잉걸 같은 가을볕
잠자리 두 마리가 선생님 머리에 붙어 있다

길섶에서 튀어 오르는 메뚜기들이 자꾸 아이 볼을 때린다

3
밤하늘 살찐 옥수수빵이 끌고 다니는 물결에
갈치 어군魚群이 비늘을 반짝이고 있다
성씨가 같은 나무배들
늙은 나무와 녹슨 쇠들이 부딪치며 삐걱거리는 소리는
눈 감은 고요의 되새김질
삭아 가는 그물은 한 무더기 침묵
선창 이마를 간질이며
불면의 지느러미들이 금빛 파문을 일으키고 있다
바다 너머에는
옛 서정시의 음절 같은 불빛들이 눈물을 머금고 있다

눈 오시는 날

하얀 새들이 쌀알 같은 소리를 흘리고 있다
하얀 소가 누런 되새김질을 하고 있다
하얀 아버지가 탱자나무 울타리에 얹혀 있는 눈송이를
소화제처럼 입에 털어 넣고 있다

아이들이 골목에서 하얀 숨바꼭질을 하고 있다
무논에서 하얀 썰매를 타고 있다
절름발이 아재가 하얀 타잔이 되어 눈밭을 달리고 있다

뒷산에서 탁주에 취한 어른들이 하얀 노루 사냥을 하고 있다
개들이 하얗게 짖고 있다
꽹과리가 하얗게 울고 있다

하얀 바다에 붙어 억만 청둥오리 떼가 몸을 비비고 있다
하얀 갯벌을 빨며 황톳빛 문어들이 꿈틀거리고 있다

하얀 해가 지고 있다
하얀 달이 뜨고 있다

붉은 군불 위에서 하얀 식구들이 저녁을 먹고 있다
곰삭은 젓국에 하얀 배추 살을 찍어 먹고 있다
하얀 귀신들이 마당을 걸어 다니고 있다

하얀 꿈속에서
하얀 소년이
하얀 토끼를 따라
하얀 달음박질을 하고 있다

제3부

새봄

너무 자주 업고 다녀 내 정강이뼈를
시위 끊어진 대나무 활처럼 휘어지게 만든 꼽추 고모가
나를 업고 탱자나무 새 이파리를 따고 있다

고봉의 쌀밥 같은 신랑이

바다 건너에서 시집오는 신부가 색색의 꽃으로 꾸민
나훈아 노래 잘도 부르는 발동선을 타고 만灣을 세 바퀴째 돌고 있다

장작불 때는 무쇠솥에서 갓 퍼 담은 고봉의 쌀밥 같은 신랑이
황소 불알주머니를 흔들며 부두에 서 있다

아재 다리가

몸뻬에 핀 모란꽃 아직 싱싱한 새댁이 갓 피어난
개나리꽃처럼 샛노란 수건을 쓰고 밭을 매고 있다

솔가리 한 짐 지고 산림 감시원의 붉은 모자를 피해 비
탈을 내려가는
아재 다리가 후들거린다

아비 세 명이 낫을 들고

비 오는 날마다 뒷산 산불 감시 초소에서
호적에 잉크도 안 마른 놈들이 모여 화투판을 벌인다는 이야기를 듣고
아비 세 명이 낫을 들고 올라가고 있다
초소 지붕에서 보초 서고 있던 까마귀가 큰 소리로 세 번 운다

매일 밤 불침번을

 밤에 새끼 제비가 집에서 떨어지면 족제비가 바로 와서 물고 간다
 도사견 눈알을 쪼아 버린 사나운 거위가 낳은 알을 부화시켜야겠다
 거위가 태어나자마자 제비를 어미처럼 따르게 만든 뒤
 매일 밤 불침번을 세워야겠다

젖을 먹이고 있다

괴불주머니꽃 흐드러진 무논에서 외다리가 담배 두 개비를 물고 써레질을 하고 있다
전쟁 때 총상 입은 육송 그늘 아래 앉아 외팔이가 기타를 치고 있다
뿔이 한 개 남은 늙은 암소가 길 잃은 새끼 노루에게 젖을 먹이고 있다

닭을 잡고 있다

갯논 열 마지기 써레질 다 끝낸 고숙이 닭을 잡고 있다
숫돌에 간 부엌칼로 배를 가르고
검붉은 간을 꺼내 소금에 찍어 먹고 있다
방고래 속에서 낮잠 자다가 때아닌 군불에 털이 다 그슬린 똥개가
침을 질질 흘리고 있다

불알 두 쪽이 다 깨져 버린 아재가

지겟작대기로 소 음낭을 건드리며 장난치다가
뒷발에 차여 불알 두 쪽이 다 깨져 버린 아재가
검붉은 황소를 몰고 비탈길을 올라가고 있다
고갯마루에는
흘레붙이려고 데려온 암소 처녀가 아카시아 줄기에 묶
여 있다

돼지 꼬리만 한 지네가

혼자 탁주 한 말을 다 마신 삼촌이
알몸에 구멍 난 빤쓰만 걸치고 평상에서 자고 있다
김장독 같은 배 위로 돼지 꼬리만 한 지네가 기어간다
갈고리로 마당을 파고 있던, 머리에 맨드라미꽃 활짝 핀 장닭이
날개를 치며 달려온다

목구멍을 넘어간다

한밤중에 일어난 할머니가 자리끼를 마신다
천장에서 떨어져 사발 속에서 헤엄치고 있던 지네가
할머니 목구멍을 넘어간다

바다로 던져 버린다

씨고구마만 한 두꺼비가 배수진을 치고 있다
독사가 대가리를 치켜들고 노려보고 있다

책보자기 어깨에 메고 집으로 가던 아이가 십 분쯤 지켜보다가
뱀 꼬리를 잡고 공중에 네 번 돌린 뒤 바다로 던져 버린다

중송아지만 한 노루가

큰고모 집 마당에 덫을 놓아 잡은 중송아지만 한 노루가 누워 있다
고숙이 시커먼 부엌칼로 멱을 딴다
철철 흘러나오는 따뜻한 피를 하얀 사발에 받아 동네 어른들이 마신다
몸속의 피가 다 빠져나갈 때까지 노루 눈알이 검은 진주처럼……

황새가

　서리 내린 황금 들판에서 황새가 머슴 손바닥만 한 붕어를 잡아먹고 있다
　작년 이맘때 황새 사냥을 나섰다가
　대못 같은 부리에 쪼여 애꾸가 된 누렁이가 물에 불린 누룽지를 먹고 있다

해바라기

백학白鶴의 순결한 똥을 맞고 고사枯死 중인
삼백 살 해송海松 어르신 종아리에 기대어
배추 시래기처럼 늙은 노파들이 담배 물고 해바라기를 하고 있다

할머니의 유언

도야!
추운데 조모 죽었다고 동네에 자랑하로 댕기지 말고
옷 따시게 입고 놀거라!

아랫방 창문

달 밝은 여름밤에 물개가 뻐꾸기 소리로 세 번 부르면
이 구멍으로 빠져나가
만灣에서 시거리 걸치고 헤엄치며 놀다가
새벽에 다시 이 구멍으로 들어와 잠을 자곤 했다

아직도 벽지에는
물개가 입에 몽당연필 물고 그려 준 바닷속 이야기들이
남아 있다

해 설

영원한 고향의 꿈

차성환(시인, 육군사관학교 강의전담교수)

 이중도 시인은 자신의 고향인 통영을 전설과 신화의 세계로 탈바꿈시킨다. 지금과 그리 멀지 않은 시대의 고향 이야기이지만 그 고향은 시인의 독특한 상상력으로 신화적 공간으로 재탄생하는 것이다. 시인은 1993년 『시와시학』 겨울호 신인상으로 문단에 나온 이후 17년간의 서울 생활에서는 시를 쓰지 못하다가 고향 통영으로 내려오면서부터 왕성한 시작詩作을 보인다. 그 독특한 이력을 보면, 그에게만은 고향이 시를 쓰게 한다는 말이 맞겠다. 『통영』(2013), 『새벽시장』(2014), 『당신을 통째로 삼킬 것입니다』(2015), 『섬사람』(2017), 『사라졌던 길들이 붕장어 떼 되어 몰려온다』(2019), 『고래 서방』(2023)의 뒤를 잇는 일곱 번째 시집 『그 달이 시를 쓴다』는 그 시적 성취가 완연하다. '고향'을 붙잡고 시를 쓰는 시인이니 오죽할까. 모든 것을 '고향'에 쏟아부은 느낌이다. 시집 『그 달이 시를 쓴다』에는 통영의 바다와 농촌 마을을 배

경으로 여러 인물 군상과 동식물, 귀신이 출몰한다. 유년의 기억 속에서 끄집어 올려진 사물들은 독특한 변주를 통해 생명력을 얻는다. 그것은 오래전에 사라진 사물들로 보이지만, 지금도 여전히 생생하고 찬란하게 빛나는 신화 속 이야기로 살아 숨 쉰다. 이중도 시인의 가슴속에는 '통영'이 영원한 고향으로 자리하고 있다. 심장에 고인 피가 그 힘찬 생명력으로 신체 곳곳에 뿜어지듯이, 시인은 온몸에 박동搏動하는 '통영'을 시詩 속에 부려 넣는다. 이중도 시인의 시집 『그 달이 시를 쓴다』는 한국인이 가진 유년의 기억 속에 잠자고 있던 고향을 일깨워 준다. 우리에게 실제 고향의 바다와 산과 길을 굽이굽이 따라가는 듯한 체험을 선사한다.

자기가 살았던 유년의 고향을 영원한 이상향의 세계로 묘사하는 시도가 새롭다고는 할 수 없다. 그러나 이중도 시인이 고향을 그려내는 방식은 다른 시들과는 차별성을 갖는다. 이중도 시인의 시를 따라가면 두 명의 작가가 떠오른다. 백석과 마르케스. 백석은 식민지 시대에 평안북도 정주라는 유년의 토속적 고향을 해당 지역어로 사실적으로 재현한 시집 『사슴』을 내었다. 가브리엘 가르시아 마르케스는 남미의 마술적 사실주의 거장으로 꼽힌다. 마르케스의 대표작 『백년의 고독』은 기이한 환상과 유령이 출몰하는 가상의 마을 마콘도Macondo를 배경으로 아우렐리아노 부엔디아 대령의 가문에 얽힌 이야기를 펼쳐낸다. 시집 『그 달이 시를 쓴다』에서 그려낸 고향의 모습은 시집 『사슴』의 토속 마을과, 소설 『백년의 고독』의 환상적인 마을이 오버랩되어 있다. 즉 이중도 시인은 자신이 유년에 바라본 '통영' 지역의 바다와 산골, 동네 마을을 실감 나게 그려내면서 이 토속적 고향을 전설과 신화의 공간으로 새롭게 재구성하고 있는 것이다. 그의 시에 나타난 고향은 전통적인 한국적 정서와 이국적인 환상이 결합되어 있는 독특한 세계를 지향한다. 이중도 시인이 손끝으로 그려낸 '통영'은 전적으로 '통영'이면서도 또 지극히 '통영'이 아닌 이국적인 공간으로 재창출된다. 그리하여 유년의 고향 '통영'은 현대 문명의 세계에서는 찾아보기 힘든, 고대의 신화 속에서 영원히 타오르는 불꽃과 같은 위상을 갖게 되는 것이다.

그의 시집에는 '통영'이란 지역명이 직접적으로 나오지 않는다. 대신에 '새미'라는 시어가 눈에 띈다. '새미'는 샘, 우물을 일컫는 경상도 사투리이다. '새미'하면 통영 문화동에 있는 간창골 새미가 떠오른다. 현재 지역 사람들에 의해 '간창골 새미'라고 불려온 연유는 조선 시대에 통제영 관청이 있었던 마을의 공동 우물이었기 때문이다. 그렇다고 시집에 나오는 '새미'를 꼭 '간창골 새미'로 읽어야 하는 것은 아니다. 여느 시골에서 볼 수 있는, 마을 사람들이 물을 길어다 쓴 공동 우물은 여느 시골에도 볼 수 있는 친근한 장소이다. 이때의 '새미'는 특정한 '새미'를 지칭하기보다는 한국인의 기억에 자리 잡은 고향 마을의 원형原形과 같은 우물을 뜻한다. 이중도 시인이 시집의 핵심적인 시어로 정부의 구획에 따른 행정 지역명인 경상남도 '통영'이 아니라 '새미'(우물)를 선택한 것은 탁월하다고 볼 수 있다. '새미'는 유년의 고향에 대한 기억이 샘솟는 원천源泉으로서 시인의 지극히 개인적이면서 동시에 보편적인 상징성을 갖는다. 그렇기에 이 시집은 우리 모두의 고향 마을에 있을 법한 '새미'를 상기시킨다.

외할아버지 오셨다!
또 술심부름이다
백 원짜리 동전 세 개 호주머니에 넣고
먼눈팔지 말라는 어머니의 신신당부 한쪽 귀로 흘리고
늙은 호박처럼 생긴 누런 주전자 들고 탁주 받으러 간다
전주 이씨 마을 어귀 벗어나 비탈길을 백 보 올라가면
신작로
하루 일곱 대의 버스가 흙먼지 일으키며 다니는 정류장 옆에는
소나무 듬성듬성한 애기숲
나무 관 대신 새끼 돼지만 한 장독에 아기 시체를 넣어
돌무더기로 덮어 둔 무덤들이 여기저기 흩어져 있다
이 숲에 서 있는 나무에 톱이나 도끼를 대면
나무가 떨면서 아기 울음소리를 낸다고 한다
밤에는 아기들의 영혼이 반딧불이 되어 돌아다닌다고 한다
엄마가 사는 집까지 날아가서 놀다가
동이 트기 전에 다시 독 속으로 들어가 잠을 잔다고 한다

낮에 숲가를 지나가면 아기들의 고른 숨소리가 들린다고 한다
꿈결에 젖 투정을 하면 개구리 우는 소리가 새어 나온다고 한다
악몽을 꾸면 독에서 지네가 기어 나온다고 한다
대낮인데도 자꾸 뒤를 돌아보며 잠자는 아기들 곁을 겨우 지나가면
붉은 산길이 아가리를 벌리고 있다
어른들이 말구리 고개 넘어 장 보러 가는 길이다
형들이 중학교 가는 길이다
이른 새벽 할머니가 혼자 장에 가면
하얀 여우 한 마리가 딱 삼십 보 거리를 두고
할머니 걸음과 같은 속도로 따라온다고 한다
눈이 마주치면 피가 굳어 온몸이 돌이 되기 때문에 절대로 돌아보면 안 된다고 한다
사철나무 덤불 깊숙이 숨어서 노려보고 있을 여우의 눈을 피해
앞바다에 눈길을 꽂고 오 분 걸으면
용호농장
올라가는 길 양쪽에는 삼월마다 할머니 또래 매화나무 육십 그루가
한꺼번에 꽃을 밀어 올린다
머슴 팔뚝 두께 대나무 수천 그루가 만든 숲은
바람에 흔들릴 때마다 귀신을 한 마리씩 낳는다

이끼 무성한 연못에는 호박잎만 한 금붕어가 살고 있고
육 학년 키보다 큰 거위가 나무로 짠 집에 서서 농장을 지킨다
늦은 가을에 밤 따는 것 도와주러 갈 때마다
다리 긴 밥상 위에 차려 주는 돈까스가 생각나
입맛 다시며 농장을 지나가면
드디어 할매집!
잘 들리지 않는 귀와 흐린 눈 때문에 종종 아이들을 좀도둑으로 변신시키는
꼬부랑 할머니가 가게를 지키고 있다
괴도 루팡이 되고 싶은 욕망을 간신히 누르고 탁주를 받아 나온다
빛바랜 아스팔트 길 건너에서
술 취한 문둥이들이 검붉은 노래를 부르고 있다
돌아오는 길은 지나온 신작로가 아니다
오백 년 세월이 만들었다는 다랑논이다
가끔씩 토하는 주전자를 양손에 번갈아들며 내려간다
논물 위로 물뱀이 흘러 다니고
풀밭에 앉아 잠시 쉴 때마다
목구멍 너머 어둠 속에서 미꾸라지 떼처럼 꿈틀거리는 호기심이
주전자 뚜껑에 탁주를 부어 홀짝홀짝 마시기 시작한다
갑자기 논둑으로 튀어나온 붕어가 입을 뻐끔거리며 한 잔 달라고 한다

메뚜기들이 주전자 속으로 뛰어 들어가 헤엄을 친다
술내를 맡고 미친 숫염소가 말뚝을 뽑고 달려온다
거대한 푸른 계단을 거의 다 내려올 때쯤
부쩍 가벼워진 주전자의 몸무게가 불안감을 줄 때쯤
새미가 나타난다
사계절 내내 얼음 같은 물이 솟아오르는 곳
아래쪽에서는 어머니들이 빨래를 하고
한여름 달밤에는 달 같은 누나들이 모여 목욕을 하는 곳
고추에 털 났다고 자랑하던 놈들 몇이 알몸을 훔쳐보기 위해
수풀에 숨어 잠복근무를 하다가 들켜 개망신을 당한 곳
시원한 물을 박 바가지로 퍼 마시고 주전자의 축난 부분도 채우고
논배미들 사이로 난 돌길을 따라간다
잠수함으로 사용하는 고래만 한 바위를 힐끗 쳐다본다
마을 회관이 나온다 친척 할아버지 두 분에게 인사를 한다
우리 집이 보인다
탱자나무 울타리 지나 두 아름 무화과나무 지나 외할아버지가 앉아 계신 툇마루
뽈래기 넣어 담은 무김치와 찌짐이 놓인 작은 상이 기다리고 있다
놋쇠 밥그릇에 부어 단숨에 잔을 비우신다

그리고 껄껄 웃으시며

술이 와 이리 싱겁노?

완전 범죄는 없는 것이다

물 탄 술을 드시면서도 외할아버지는 심부름 값을 깎지 않으신다

빳빳한 오백 원짜리 종이돈 한 장!

-「술심부름」 전문

  어린 시절, 외할아버지가 집에 방문하면 으레 "술심부름"을 다녀왔던 모양이다. 우리가 "늙은 호박처럼 생긴 누런 주전자 들고 탁주 받으러" 가는 유년 화자를 뒤따른다면, 이 고향 마을의 정체를 어느 정도 알 수 있을 것이다. 유년 화자가 바라보는 사물과 풍경, 그것이 불러오는 기억을 통해 고향의 질감을 살려내려는 이 시집의 기획이기도 하다. 길을 따라나서면 "나무 관 대신 새끼 돼지만 한 장독에 아기 시체를 넣어/ 돌무더기로 덮어 둔 무덤들이 여기저기 흩어져 있"는 "애기숲"을 만나게 된다. "나무가 떨면서 아기 울음소리를" 내고 "밤에는 아기들의 영혼이 반딧불이 되어 돌아다"니는 곳. "눈이 마주치면 피가 굳어 온몸이 돌이 되기 때문에 절대로 돌아보면 안" 되는 "하얀 여우 한 마리"가 출몰하는 "말구리 고개"도 있다. "삼월마다 할머니 또래 매화나무 육십 그루가/ 한꺼번에 꽃을 밀어 올"리는 "용호농장"을 지나면 "머슴 팔뚝 두께 대나무 수천 그루가 만든 숲"이 나온다. "이끼 무성한 연못에" 있는 "호박잎만 한 금붕어"와

"육 학년 키보다 큰 거위"를 지나면 드디어 "할매집"에 당도한다. "탁주를 받아" 들고 집으로 돌아가는 길은 왔던 길이 아니라 또 다른 길이다. "술 취한 문둥이들"의 "검붉은 노래"가 들리고 "오백 년 세월이 만들었다는 다랑논"을 지날 때쯤 "호기심"에 "탁주"를 몰래 부어 마신다. 약간의 취기 때문일까. "주전자"를 둘러싼 "붕어"와 "메뚜기들"과 "숫염소"의 작은 소동이 즐겁게만 느껴진다. 이윽고 "사계절 내내 얼음 같은 물이 솟아오르는 곳"인 "새미"에 이른다. 혹시 "새미"의 "시원한 물을 박 바가지로 퍼 마시고 주전자의 축난 부분"을 채우기 위해 길을 돌아온 것일까. 그 시원한 물에 취기도 다 달아났을 듯하다. "논배미들 사이로 난 돌길을 따라"가다가 아이들이 "잠수함으로 사용하는 고래만 한 바위"도 만난다. "마을회관"에서 "친척 할아버지 두 분"도 만나면 어느새 "우리 집이 보인다". "외할아버지"는 유년 화자가 몰래 탁주를 훔쳐 먹은 줄 알면서도 모른 척 선심 좋게 "심부름 값"을 내어준다. 아이의 "술심부름"을 따라 동네 한 바퀴를 돌고 오니 그 걸쭉한 "탁주" 한 사발을 시원하게 들이킨 기분이다.

백석이 유년 화자를 내세워 평북 정주의 토속 마을을 묘사한 것처럼, 시 「술심부름」은 유년 화자를 통해 고향 마을의 모습을 그려낸다. 이곳에는 온갖 구전되어 오는 전설과 귀신 이야기가 있고 인정 많은 시골 사람들과 무수한 동식물들이 등장한다. 그들은 각자 분리되어 있지 않고 함께 공존하는 존재들이다. 이 시골 마을은 인간과 동식물과 바위와 샘과 바다와 귀신이 서로의 이야기로 얽혀 있는 유기적 공동체의 장소이다. 시 「술심부름」과 같이 꼭 읽어봐야 할 시가 「동네」이다. 여기에는 여러 동식물과 함께 "수런거리는 정령들"의 이야기가 씨줄과 날줄로 촘촘히 교차해 직조되어 지금은 보기 힘든 바닷가 마을의 풍경을 생생하게 복원하고 있다. 그리고 시인은 시의 마지막에 "항적에 출렁이는 사춘기"였다고 짧은 논평을 남긴다. "배는 우리들의 사춘기를 안고 바닷가 마을들을 돌아다녔다"(「그리고 우리는 돌아올 수 없었다」), "사춘기의 통학 버스"(「야반도주만이 유일한 답이었다」), "사춘기를 굴러다녔다"(「숲이 있었다」) 등등 시집 속의 고향은 유년과 사춘기 시절의 고향이다. 그 중심에는 '새미'가 자리하고 있다.

    도수 높은 밀주 한 동이가 몸속에서 출렁대던 시절이었다 밤마다 동무들과 흙방에 모여 목청 상한 라디오를 듣던 시절이었다

    달만 뜨면 바다에서 기어 올라와 사방을 돌아다니는 물개로부터 정보를 얻은 우리는 다랑논을 한 계단씩 내려와 새미가 보이는 곳에서 몸을 숨겼다

    닿을 수 없는 곳에 피어 있는
    입 꼭 다문 호박꽃들!

괴불주머니 혓바닥이 콧구멍을 핥았고 놀란 물뱀이 팔꿈치를 스쳐 갔다 궁금증을 참지 못한 메뚜기 떼가 볼에 들러붙었다

검디검은 밤 아홉 시
커다란 달 풀벌레 소리
엉덩이에 불을 켜고 날아다니는 정령들
외딴 새미에는
가지 끝까지 모세혈관이 뻗어 있는 수양버들
그리고
목욕하는 처녀들

숨을 참아 가면서 그림자처럼 접근했는데도 인기척이 났는지 재잘거리던 소리들이 갑자기 뚝 끊어졌다
어…… 저기……

어이없이 발각되어 버린 우리는 논둑을 따라 도망쳤다

터질 것 같은 술동이에 저마다의 달덩어리를 하나씩 담고 풀어진 다리로 달빛이 누런 소가죽을 펼쳐 놓은 신작로를 걸어 잠든 마을로 돌아오자마자 하루에 해삼을 백 마리 잡아먹는 포식자, 우리는 너의 골방에 들어가 골목에서 주워 모아 둔 담배꽁초 백 개비를 다 피워 버렸다

그런데 그날 밤, 오래전에 재래식 변소에서 건져 준 적이 있는 순이의 알몸을 먼발치에서 본 것이 너의 운명이었다

이른 봄날 아침
발동선이 밀고 오는 파도 소리의 육덕!

그 밤 이후 너는 순이가 목욕하는 장독대 주변을 기웃거려야만 했다 얼마 못 가 도둑고양이의 번쩍거리는 눈알 두 개는 순이의 입에서 새된 비명 소리를 뽑아냈고 전축을 듣다 뛰어나온 오빠들에게 체포된 너는 몰매를 맞았다

그러나 새끼 염소 뿔이 되어
간질이고 싶은 살덩어리!

일천구백팔십육년 음력 팔월 십오일 밤 아홉 시
새미

공순이 순이와 고무장갑 낀 손으로 오토바이를 몰고 출근하던 너는 달의 주례로 혼례를 치렀다

갓 톱질한 육송의
속살에서 나는 향기!

얼마 후 순이의 배 속에서 간장 종지만 한 달 하나가

꿈틀거렸고 너희 둘은 새벽 구름을 타고 멀리 떠났다……

순이가 낳아 키운 달에게 용돈을 준다
텅 빈 술독에서 꺼낸 빳빳한 지폐로

원시原始의 달이
낳은 딸!

새미는 오래전에 사 차선 도로가 덮어 버렸고
이 땅의 중년이 우리를 삼켜 버렸다
   ―「밤에 목욕하는 처녀들」전문

 시 「밤에 목욕하는 처녀들」은 사춘기 시절, 성性에 눈뜨기 시작한 무렵의 이야기이다. "우리"는 몰래 "목욕하는 처녀들"을 훔쳐보다가 된통 혼나게 되는데 어쩌다가 한 친구가 "목욕하는 처녀들" 중 하나였던 "순이"와 사랑에 빠져 야반도주했다는 내용이다. 어느 시골 동네에 하나쯤은 있을 법한 에피소드이지만 이중도 시인의 손끝에 닿으면 흥미진진한 전설이 된다. "목욕하는 처녀들"을 훔쳐보기 위해 "외딴 새미"에 몰래 잠입해 가는 "우리"의 모험담에는 "호박꽃들"과 "괴불주머니", "물뱀", "메뚜기 떼"가 등장한다. "처녀들"이 "목욕하는" 장소를 알려준 것도 "달만 뜨면 바다에서 기어 올라와 사방을 돌아다니는 물개"이다. 그리고 "동무"인 "너"는 "목욕하는 처녀들"을 훔쳐보다가 운명의 장난처럼, 어렸을 때부터 소꿉친구로 보이는 "순이의 알몸"을 우연히 보고 만 것이다. "순이"에게 사랑에 빠진 "너"는 에로틱한 상상의 나래를 펼친다. "발동선이 밀고 오는 파도 소리의 육덕!"과 "새끼 염소 뿔이 되어/ 간질이고 싶은 살덩어리!"와 같이 육체적인 성의 갈증을 드러내는 것이다. 결국 "너"와 "순이"는 다른 사람의 눈을 피해 "일천구백팔십육년 음력 팔월 십오일 밤 아홉 시/ 새미"에서 "달의 주례로 혼례를 치"른다. 이는 마치 청첩장의 예식 장소를 알려주는 것 같지 않은가. 둘의 합방을 "갓 톱질한 육송의/ 속살에서 나는 향기!"로 비유하면서 소나무의 향기가 에로틱할 수 있다는 것을 보여 준다. "얼마 후" 임신한 것을 깨달은 "순이"는 "너"와 함께 "새벽 구름을 타고 멀리" 떠난다. 그리고 오랜 이후에 "순이가 낳아 키운" 딸아이를 만나게 된 것일까. '나'는 그 딸아이에게 "용돈"을 주면서, "원시原始의 달이/ 낳은 딸!"이라고 부른다. 그러고 보니 최초의 사랑이 시작된 곳은 "검디검은 밤 아홉 시/ 커다란 달"이 뜬 "새미"이다. "새미"는 "엉덩이에 불을 켜고 날아다니는 정령들"이 있는, 에로틱한 생명력으로 가득한 장소이다. "새미"는 사람과 자연과 정령이 어우러진 곳이다. 인간의 사랑을 이루게 하고 생명을 잉태시키는 "원시原始"의 공간인 것이다. "우리"의 기억은 "새미"에서 솟아오르는 시원한 물처럼 그곳에서 비롯되었다. 마지막 연은 영원히 닫힌 고향의 모습을 암시한다. "사 차선 도로가 덮어 버"려 이제는 더 이상 "새미"는 존재하지 않는 것이다. 유년과 사춘기의 고향 마을은 다시 돌아갈 수 없는 전설이 되어 버린다. "우리"는 "새미"에서 떨어져 나와 "중년"이 되어 버렸기 때문이다.

우리는 모두 "원시原始의 달"이 낳은 존재들이다. 달에서 뿜어져 나오는 빛은 햇빛과 같이 사물을 확연하게 구분하고 밝히는 것이 아니라 어둠 속의 사물들이 서로 어우러지게 만든다. 어둠을 밝히지만 어둠을 물리치지 않는다. 캄캄한 밤의 어둠이 없으면 달도 없는 것이다. 우주적 생명력의 원천으로 지구의 정령들에게 숨결을 불어넣어 준다. 따라서 "원시原始의 달"은 전설과 신화의 이야기를 낳는 원형 상징이다. 그리고 그 아래에 놓인 "새미"는 그 "원시原始의 달"을 비추고 받드는 그릇임이 분명하다. "원시原始의 달" 아래 "새미"의 물을 먹고 자라는 '우리'는 신화의 땅에 속해 있다. 그뿐일까. "원시原始의 달"은 달빛으로 시詩를 쓴다.

그날 그 달의 살냄새에, 흙집에 고둥처럼 깃들여 사는 사람들이 모두 바닷가로 나왔다 이미 단풍이 든 늙은 살구나무가 꽃을 활짝 피웠다 벌레 울음소리가 소낙비처럼 번졌다 우리를 부수고 나온 돼지들이 떼를 지어 몰려다녔고 시집도 안 간 처녀들이 임신을 했다

장대로 높이뛰기를 하면 손에 닿을 거리까지 내려온 달이 거대한 술잔 속 바다에 달빛을 흩뿌리자 해저에서 검은 준마들이 천천히 움직였고 연안 구석구석에서 발기된 배들이 밧줄을 풀고 슬슬 나왔다

오직 팔의 힘으로 움직이는 순박한 목선들, 물고기와 조개를 싣고 다니는 중세 농노 같은 목선들이 머시마들을 가시내들을 태우고 달이 만들어 놓은 마당에 모여들었다

모인 배들은 얼마 동안 배다른 수캉아지들을 한곳에 몰아넣어 둔 것처럼 서먹서먹한 표정으로 코를 킁킁거리며 냄새를 맡다가 가시내들의 노랫소리에, 가시내들 입을 통해 부르는 달의 노랫소리에 서열 가리지 않은 수컷들로 돌변했다 시키지도 않은 힘자랑이 시작되었다 멀리 시커멓게 웅크리고 있는 섬을 향해 경주가 시작되었다

달리는 배 하나하나가 튼실한 양물陽物들!
높아져 가는 노랫소리에 점점 더 싱싱해지는 양물들!

시거리 두른 양물들이 씩씩거리며 거친 숨을 뿜을 때마다, 대가리로 파도를 부술 때마다 갯벌에 다리 박고 머리만 내놓은 하마들이 입을 크게 벌렸다 수면에 붙어 잠자던 고래들이 꼬리지느러미를 들어 올렸다

잘피 숲에 둥지 튼 붙박이들의 꿈을 박살 내며 먼저 닿은 배는 모닥불을 피워 승리를 자축했고 나머지 배들은 풀이 죽어 달 아래로 돌아왔다 하마들은 다시 피가 굳어졌고 고래들은 잠 속으로 끌려 들어갔다

그러나 달빛!
넓게 쳐 놓은 그물에 걸린 억만 전어들이 물 위에 떠올라 파닥거리는 것처럼
물결에 부서지는 달빛에 저절로 점화되는 노래들
상수리나무 빽빽한 숲 기슭에 박혀 있는 하얀 이끼 두른 바위들을
허공에 밀어 올려 춤추게 하는 우리의 노래들

다시 죽순처럼 부풀어 오른 배들은 몸속의 노래를 한 방울도 남김없이 내보낼 때까지 달빛 마당을 돌고 또 돌았고 속을 깨끗이 비운 배들은 하나둘씩 둥둥 떠올라 달 속으로 사라졌다

배들이 다 사라진 후에야 달은 마당을 걸어 가며 만삭의 몸을 이끌고 서서히 서쪽 하늘로 떠났다⋯⋯

떠나간 그 달이, 돌아올 수 없는 그 달이 시를 쓴다
텅 빈 달 아래 앉아 텅 빈 마을 바라보며
여자들의 꼿꼿한 뼈대들이 불알 까 버린 토끼들을 몰고 다니는 자전거도로를 걸어 다니며
그날 그 달이!

―「그 달이 시를 쓴다」 전문

달의 인력引力은 우리가 생각한 것보다 훨씬 강력하다. 바다의 밀물과 썰물을 만들고 물고기의 행동과 산호의 산란에도 영향을 미친다. 시인은 '달'의 "살냄새"라는 후각적 이미지를 환상적으로 펼쳐 보인다. "그날 그 달의 살냄새"는 "흙집에 고둥처럼 깃들여 사는 사람들"을 "모두 바닷가로 나"오게 만든다. "달의 살냄새"가 "살구나무"와 "벌레", "돼지들"을 흥분시키고 사람들도 평소의 일상과는 다른 충동에 휩싸이게 된다. 마을은 거대한 축제의 장이 된다. "달이 거대한 술잔 속 바다에 달빛을 흩뿌리자" "연안 구석구석에서 발기된 배들이 밧줄을 풀고 슬슬" 나온다. "머시마들"과 "가시내들"을 태운 "목선들"이 바다 곧 "달이 만들어 놓은 마당" 위로 풀려나오는 것이다. "가시내들의 노랫소리", "가시내들 입을 통해 부르는 달의 노랫소리"는 강강술래의 한 장면을 묘사하는 듯하다. 배들은 "튼실한 양물陽物들"이 되어 "섬을 향해 경주"를 시작한다. "하마들"과 "고래들"도 이 "경주"를 응원한다. "경주"는 끝이 났지만 "물결에 부서지는 달빛에 저절로 점화되는 노래들"은 쉽사리 가시지 않는다. "배들"이 "몸속의 노래를 한 방울도 남김없이 내보낼 때까지" 축제는 계속되고 이윽고 "배들"도 "달"을 따라 "서쪽 하늘로" 사라진다. 신화 속 축제와 같은 묘사는 관능적인 에너지로 가득 차 있다. "달"은 사라지지만 "돌아올 수 없는 그 달"은 이 땅에 흔적을 남기고 간다. 바로 이 모든 사태를 기록한 시詩를 우리의 마음속에 심어 놓은 것이다. 서정시가 동일성의 세계인 근원, 고향, 집으로 돌아가는 구심력이라고 한다면, "달"이 쓰는 시詩는 원초적인 신화의 세계에 대한 향수일 것이다. 이제 우리는 "바다 너머에는/ 옛 서정시의 음절 같은 불빛들이 눈물을 머금고 있다"(「이른 아침 하얀 고무신이」)라는 시구를 이해할 수 있게 된다. 이중도 시인은 "원시原始의 달"(「밤에 목욕하는 처녀들」)이 쓰는 시詩를 바라본다. 이중도 시인은 "그날 그 달이" 쓴 "시"를 온몸으로 받아낸 자가 아닐까. 시인은 유년의 고향을 다음과 같이 기억한다.

"봄밤에 숭어가 한 번 튀어 오를 때마다 꽃이 한 송이씩 피어난다는/ 돌배나무를 지나면 나타나는 땅/ 도토마리! (중략) 그의 기타 소리 곁에서 무한히 푸르렀던 우리들의 고대古代를/ 그대로 담고 있는 성소聖所!"

―「도토마리」 부분

"아, 너와 함께 눈 감고/ 집게손가락으로 점자를 읽듯 생을 읽었던 그 밤들! (중략) 만조의 밤바다에 흩뿌려진 달빛을 쓸어 모아/ 너에게로 가는 길을 만들었던 그 시절!"

―「갈대밭」 부분

"아, 문명의 저고리를 벗어던진 쾌감!// 암각화 속에 잠들어 있다가 부활한 그날의 축제"

―「구중물 들다」 부분

그의 고향은 "봄밤에 숭어가 한 번 튀어 오를 때마다 꽃이 한 송이씩 피어"나는 곳이다. "무한히 푸르렀던 우리들의 고대古代를/ 그대로 담고 있는 성소聖所!"이다. 그는 "만조의 밤바다에 흩뿌려진 달빛"을 맞으며 "암각화 속에 잠들어 있다가 부활한 그날의 축제"를 기억한다. 이중도 시인은 유년의 고향에서 펼쳐진 그날의 축제를, 그날의 환희를 영원히 기억하기 위해 시를 쓴다. 달의 후예인 그는 달이 비추었던 그날의 고향 마을을 시속에 펼쳐 보인다. 아마도 그는 "몸 속의 노래를 한 방울도 남김없이 내보낼 때까지"(「그 달이 시를 쓴다」) 시를 쓸 것이다. 고향은 고향을 떠난 자만이 노래할 수 있다. "어느 날 전주 이씨 집안의 장손, 나는 종이 위에 집을 지으러 떠났고 발동선의 엔진 소리처럼 건강한 소년 수부, 너는 먼바다로 가는 철선을 타러 떠났다, 세상모르고 자고 있는 나무배 뒤에 두고// 그리고 우리는 돌아올 수 없었다"(「그리고 우리는 돌아올 수 없었다」). 다시는 되돌아갈 수 없는 고대古代의 땅이 되어버린 고향. 시인의 운명은 잃어버린 고향을 노래하는 속에서만 고향을 가질 수 있는 것이다.

> 다 자란 바보 마음 같은 돌담을 넘어 다니는 신격神格의 구렁이
> 　탱자나무 울타리에 널려 있는 색색의 고까옷
> 　챙 없는 중절모에 까치밥 떨어져 있는
> 　만삭의 장독에서 익어 가는 뽈래기 김치
> 　검은 부엌 조릿대 창살 사이로 날아드는 복사꽃

늙은 산적의 심보 같은 무쇠솥

방고래에 붙어 자다가 새벽 군불에 놀라 튀어나오는 도둑고양이

서까래에 쳐진 주인 떠난 거미집에 붙어 있는 속이 텅 빈 파리들

문설주 틈으로 들어와 얼어붙은 번개 되어 꿈틀거리는 달빛

격자창 한지 구멍으로 밀려오는 서리 맞은 소국꽃 향기

배고픈 새끼 제비들 뚝뚝 떨어지는 툇마루 아침상

창고 천장 합판 위에서 단거리 경주를 하는 들쥐들

재래식 변소 옆 우리에서 젓가락만 한 지네를 씹어 먹는 씨돼지

독사를 찍어 죽이는 수탉의 심장에서 이글거리는 불잉걸

노란 정구공 되어 절름발이 지게 발치에서 해바라기하는 병아리들

묵직한 쇠사슬 목에 걸고 하얀 권속들을 지키는 대장거위

누런 토종개의 눈구멍에 젖어 있는 소심한 흑진주

되새김질하며 가부장의 턱수염을 쓸고 다니는 염소 영감

곡비哭婢 되어 텃밭 두렁 고사목의 고독을 울어 주는 매미

종려나무 푸른 부채에 앉아 단조短調를 연주하는 귀뚜

라미 악사
　　어둠의 나신을 난도하는
　　풀벌레들 유리 칼 가는 소리에 뒤섞여 춤추는 정령들
　　뒷산 왼쪽 겨드랑이에서 내려온 물이 피우는 맨드라미 불꽃
　　달을 삼켰다 뱉어 내는 우주목, 무화과나무
　　황금 등신불 되어 그믐을 밝히는 금사철나무
　　밤의 무궁한 자궁벽에 대취한 손이 뿌린 무량수 금싸라기들

　　저승에서 맞춘 틀니 끼고 할아버지 마실 오게 하는
　　집의 체취, 죽은 석화石花처럼 누워 있는 섬돌의 귀를 여는
　　집의 말(言), 뒤란에 웅크린 음지 식물들의 우울한 이파리를 간질이는
　　집의 숨결, 순한 흙으로 빚어진 늙은 암소 눈알에 담겨 있는
　　집의 영혼

　　맨발의 시간이 평상에 앉아 부는 보리피리 소리 들린다
　　물개를 몰고 다니는
　　호적에 잉크도 마르지 않은 까까머리 소년이
　　동갑인 측백나무와 함께 자라고 있다
　　　　　　　　　　　　　　　　　　－「그 집」 전문

위의 시는 고향 마을을 그리는 방식과 동일하게 어떤 '집'을 보여 주고 있다. "그 집"에는 "신격神格의 구렁이"와 "빨래기 김치", "복사꽃", "씨돼지", "대장 거위", "염소 영감" "춤추는 정령들", "달을 삼켰다 뱉어 내는 우주목, 무화과나무" 등 온갖 동식물과 정령들이 깃들여 있다. 심지어는 돌아가신 "할아버지"가 다시 마실 오게 하는 "집"이다. "집"은 살아있는 생물처럼 자신의 품에 깃들여 있는 것을 하나하나 보살피고 돌본다. 이 "집"은 그 자신만의 고유한 "체취"와 "말(言)"을 가지고 있고 "뒤란에 웅크린 음지 식물들의 우울한 이파리를 간질이는" "숨결"을 내뿜는다. "평상에 앉아" "보리피리"를 부는, "호적에 잉크도 마르지 않은 까까머리 소년"은 시인의 어린 시절 모습일까. "영혼"이 서려 있는 듯한 "그 집"은 시인이 태어난 집일 수도 있겠다. "그 집"은 그것이 속해 있는 고향 마을을 그대로 닮아 있다. 또 여기에 고향 마을에서 온 한 마리의 소가 있다.

> 아지랑이 피어오르는 봄날 변두리 소전에서 몰고 오는
> 소 한 마리 있어야겠다
> 등겨와 마른 고구마 줄기 섞어 무쇠솥에서 끓인 소죽 먹
> 고 무럭무럭 자라는
> 소 한 마리 있어야겠다
> 고삐 끊고 참깨밭 헤치며 돌아다니는
> 소 한 마리 있어야겠다
> 흙 마당에 햇살 가득 고인 어느 여름 오후 옆집 할배에

게 끌려와
 툇마루 가운데 기둥에 묶여 코가 뚫리는
 눈을 치뜨고 익은 대추알 뚝뚝 떨어뜨리는
 소 한 마리 있어야겠다
 조상 대대로 내려온 쟁기 끌고 하루 종일 논을 가는
 소 한 마리 있어야겠다
 볏짚으로 짠 가마니 옷 입은 새끼에게 겨울 내내 젖을 먹이는
 소 한 마리 있어야겠다
 열 말 탁주 한꺼번에 다 빨아 마시고 사흘 동안 잠을 자는
 소 한 마리 있어야겠다
 인도 거리를 활개 치고 돌아다니는 소들처럼 오만하지도 않고
 이중섭이 그린 소처럼 괴팍하지도 않은
 무뚝뚝한 식구 같은
 소 한 마리 있어야겠다
 눈 반쯤 감은 되새김질로 집의 인격을 어른으로 만들어 주는
 소 한 마리 있어야겠다
 나이 먹을수록 눈이 종교처럼 깊어져 가는
 소 한 마리 있어야겠다
 늙은 눈동자 속에 흙으로 지어진 집의 영혼이 숨어 있는
 소 한 마리 있어야겠다

이 땅의 가장 큰 생명 덩어리
온몸이 한 덩어리 온기인
소 한 마리 있어야겠다
　　　　　　　－「소 한 마리 있어야겠다」 전문

　이 시의 제목인 '소 한 마리 있어야겠다'는 문장은 본문에서 반복적으로 제시되면서 리듬감을 만들어 내고 있다. 이러한 반복은 마치 '비나이다'와 같이 소원을 염원하는 것 같은 인상을 심어 준다. "소 한 마리"가 지금은 없기 때문에 '있어야겠다'고 간절히 노래하는 것이다. 어린 시절의 고향이 지금은 사라졌기에 그 잃어버린 고향을 노래한다. 영영 돌아갈 수 없는 곳이기에 그 "집"("그 집")을 노래한다. 시인이 그리고 있는 이 "소 한 마리"는 고향에서 보았던 "소"였을 것이다. 지금은 시골 농가에서 이처럼 "식구"처럼 키우는 "소"를 찾기 힘들다. 대대로 그 집의 사람과 함께 자라고 곁을 지켜주는 "소". "늙은 눈동자 속에 흙으로 지어진 집의 영혼이 숨어 있는/ 소". "이 땅의 가장 큰 생명 덩어리"이자 "온몸이 한 덩어리 온기인/ 소". 한국인의 기억 속에 삶의 원형처럼 자리 잡은 "소 한 마리". 이제는 찾아보기 힘들지만 우리는 이중도 시인의 시를 통해 만날 수 있다. 바다를 접한 고향의 농촌 마을과 맑고 시원한 물이 끊임없이 솟아오르는 '새미', 온갖 생명이 깃들어 있는 '집'이 그의 시에 담겨 있다.

　이중도 시인은 돌아갈 수 없는 고향 마을을 자신만의 상상력으로 전설과 신화의 원초적 세계로 그려낸다. 인간 존재의 근원은 어느 먼 곳에 있는 게 아니라 우리가 태어나고 자란 그곳에 자리하고 있다. 고향의 흙과 물과 공기가 우리를 회복시킬 수 있다. 그의 시에 나타난 고향과 유년의 기억은 시인 개인에 국한되지 않는다. 시집 『그 달이 시를 쓴다』는 한국인의 정서에 깊이 새겨져 있는 '고향'의 원형을 독특하고 생생하게 그려내고 있다. 그는 사라지는 것들을 붙드는 마음으로 이 시를 썼을 것이다. 덕분에 우리는 마음속에 숨겨 놓은 '고향'을 꺼내 볼 수 있게 되었다. 그의 시를 통해 우리는 어린아이가 되어 마음껏 흙길을 달리고 '새미'의 맑은 물을 마시며 밤새 달을 보고 노래할 것이다. 잃어버린 고향을 다시 꿈꾸게 될 것이다.